新时代学前教育高质量发展研究

杨继英　著

中国商业出版社

图书在版编目（CIP）数据

新时代学前教育高质量发展研究 / 杨继英著 .-- 北京 : 中国商业出版社 , 2023.12
ISBN 978-7-5208-2708-9

Ⅰ . ①新… Ⅱ . ①杨… Ⅲ . ①学前教育 - 发展 - 研究 - 中国 Ⅳ . ① G619.2

中国国家版本馆 CIP 数据核字 (2023) 第 218494 号

责任编辑：石胜利
策划编辑：王　彦

中国商业出版社出版发行
（www.zgsycb.com　100053　北京广安门内报国寺 1 号）
总编室：010-63180647　编辑室：010-63033100
发行部：010-83120835 / 8286
新华书店经销
北京厚诚则铭印刷科技有限公司印刷

*

710 毫米 ×1000 毫米　16 开　12.25 印张　206 千字
2023 年 12 月第 1 版　2023 年 12 月第 1 次印刷
定价：75.00 元

* * * *

（如有印装质量问题可更换）

前　言

随着社会的快速发展和人们对教育日益广泛的关注，学前教育作为儿童成长中的至关重要阶段，其质量和发展逐渐成为学术界和社会的焦点。这一趋势标志着对儿童早期阶段教育的认知不断深化，社会对于提升学前教育水平的期望也不断在提高。在新时代背景下，学前教育不仅是简单的知识传授，更是塑造儿童综合素养、培养创造力和社交技能的关键时期。这使得学前教育的质量成为一个需要共同关注和共同努力提升的社会议题。

基于此，笔者以“新时代学前教育高质量发展研究”为题，首先分析学前儿童发展特征与教育解读、学前教育理论依据与创新发展、学前教育事业发展困境及其突围、学前教育高质量发展的域外经验借鉴；其次探讨学前教育高质量发展的内涵要义及价值意蕴、学前教育高质量发展的宏观政策发展；再次研究学前教育高质量发展的关键要素、重要支撑以及坚实保障；最后针对学前教育高质量发展面临的挑战提出应对策略。

本书具有以下特点：

第一，理论深度。本书依据笔者在学前教育领域的研究经验和理论基础，展现出了对学前教育的深刻理解。通过对学前教育的理论框架、教育心理学和儿童发展等相关领域的研究进行深度分析，为高质量发展提供了坚实的理论基础。

第二，综合性。本书在探讨学前教育高质量发展时，不仅局限于教育领域，还考虑到了社会、文化、政策等多个方面的因素，这种综合性的研究能够为学前教育的全面发展提供更全面的视角。

第三，实践导向。尽管书中包含了大量的理论和研究成果，但它也注重实际应用。书中提供了许多实践建议，帮助读者更好地将理论知识应用到实际的学前教育场景中。

第四，高质量。本书突出对高质量学前教育的关注，强调了提升学前教育质量的必要性，并提供了一系列方法和策略，以实现这一目标。

第五，贴近时代。本书中的“新时代”表明了笔者对当前社会和教育背景的感知，并将学前教育的发展与时代背景相结合，以满足当下社会需求和发展趋势。

在写作本书的过程中，笔者收到了多位专家学者的宝贵建议与鼎力支持，在此致以诚挚的谢意。由于篇幅有限，时间仓促，以及笔者自身视野局限性，尽管主观上尽了最大努力，但本书仍存在不足，恳请广大读者对本书批评指正，从而使本书更加完善。

杨继英

2023 年 10 月

目录

第一章　学前教育高质量发展的可行性依据

学前教育是教育事业的重要组成部分，是儿童接受学校教育的开端，学前教育的高质量发展状况直接关系到儿童身心健康、认知能力、情感态度等方面的全面发展，是学前教育体系逐渐走向成熟的依据。基于此，本章主要分析学前儿童发展特征与教育解读、学前教育理论依据与创新发展、学前教育事业发展困境及如何突围、学前教育高质量发展的域外经验借鉴。

第一节　学前儿童发展特征与教育解读

一、学前儿童发展的年龄特征分析

通常而言，学前儿童的发展被划分为0～1岁、1～3岁、3～4岁、4～5岁和5～6岁五个阶段，而且在每一阶段都呈现出独特的年龄特征。

（一）0～1岁学前儿童发展的年龄特征

0～1岁是学前儿童的婴儿期[①]，不过学前儿童在这一时期已经在心理方面获得了快速发展，具体表现在以下方面。

① 婴儿期是指从出生到满1周岁以前的一段时期，是小儿出生后生长发育最迅速的时期，婴儿在这个阶段生长发育特别迅速，是人一生中生长发育最旺盛的阶段，也是最短的一个阶段。

1. 动作发展迅速

0 ~ 1 岁学前儿童正处于快速成长过程中，而其动作的发展尤为迅速，并与心理发展产生了极其密切的关系。具体而言，这一时期学前儿童的动作主要呈现出了以下鲜明的规律。

（1）逐渐由无意动作发展为有意动作。0 ~ 1 岁学前儿童最初的动作多是无意的，换言之，其做出的各种动作都是本能的而且没有任何目的。不过，随着年龄的不断增长，其动作会逐渐发展成有意的。

（2）逐渐由整体、混乱的动作发展到局部、准确、专门化的动作。0 ~ 1 岁学前儿童最初的动作大多是手脚乱动，全身参与，而且是笼统的、不明确的动作，还不会用食指和大拇指捏住东西。但是，随着婴儿的逐渐成长，其动作会逐渐发展为局部、准确和专门化的动作。

（3）逐渐由粗大动作发展到精细动作。0 ~ 1 岁学前儿童，其动作最先是出现大肌肉的动作，如头部动作、躯体动作、双臂动作、腿部动作等。不过，随着不断的成长，其会出现手的精细动作，如用手指捏东西、拿筷子、握笔等。

（4）逐渐由上部动作发展到下部动作。0 ~ 1 岁学前儿童，其动作的发展顺序是先学会抬头，再学会翻身、坐、站、爬，最后才能学会走路。

2. 心理活动发展

0 ~ 1 岁学前儿童开始产生心理活动并获得了迅速发展，具体而言表现在以下方面。

（1）语言理解能力得到最初发展。0 ~ 1 岁学前儿童虽然还没有正式产生语言，但是已经为语言的产生做了很多准备。0 ~ 1 岁学前儿童能够敏感地察觉到语言刺激，在出生十天左右便能将语音和其他声音区别开来，并明显地表现出对语音的偏爱，尤其偏爱母亲的语音。随着不断长大，0 ~ 1 岁的学前儿童就出现了最初的语言理解能力，表现为能够发出各种声音、用不同的声音招呼别人、听懂一些简单的词等。

（2）认知活动得到最初发展。0 ~ 1 岁学前儿童的认知活动有了最初发展，而这突出地表现在视觉和听觉的发展以及感知的发生两个方面。

第一，视觉和听觉的发展。0 ~ 1 岁学前儿童的视线，能够随着物体的移动而移动，还能够对视听目标进行主动寻找。例如，当大人给他看一个漂亮的玩具时，他会一直盯着看，如果将这个玩具拿走他则会东张西望地四处寻找。

0～1岁学前儿童由于视觉和听觉的不断发展，将逐渐学会对自己熟悉的人与不熟悉的人进行分辨。因此，当一个陌生人要抱他时，他会辨认出来，甚至大哭，稍大一点儿的婴儿还会尽力挣脱。因此，认生是学前儿童认知能力发展过程中的重要变化。

第二，感知的发生。0～1岁学前儿童在视觉和听觉发展的基础上，开始产生手眼协调动作。换言之，这一时期的学前儿童既能够通过眼看、耳听来对世界进行认识，也能够用手将自己看到的东西拿起来。而他们用手拿自己看到的东西时，最初还不能准确地去拿，只是手在物体旁边乱晃；稍稍长大一些后，他们就逐渐能够沿着自己的视线去抓所看见的东西，这表明其动作已经有了方向和目的。由此可知，0～1岁的学前儿童已经能够对物体的形状、大小等进行感知了。

（3）情感得到初步发展。0～1岁学前儿童已经有了情感的初步发展，而这是通过以下方面具体体现出来的。

第一，产生了表达情绪的能力。0～1岁学前儿童很早便表现出了情绪，并产生了表达情绪的能力。不过，其这一时期的情绪表达与自身的生理需要是否得到满足有极大关系，如在饥饿时会哭闹、在吃饱时会发出"咿咿呀呀"的满足的声音。

第二，产生了识别他人情绪的能力。0～1岁学前儿童，既产生了表达情绪的能力，也产生了识别他人情绪的能力。因此，当他们看到有人发怒时，会表现出明显的紧张与不安。

第三，产生了情绪分化的能力。0～1岁学前儿童在逐渐成长的过程中，情绪开始出现分化，而且有了一些社会性的反应。因此，其很早就能够将母亲的面孔辨认出来，还会对他最亲近的人产生依恋，具体表现为当他所亲近的人要离开时会紧张、哭闹、感到不安；当他最亲近的人在身边时会表现出愉快、舒适、有安全感。

3. 适应并认知周围世界

（1）对周围世界的适应。0～1岁学前儿童在出生之前，处于一个安全舒适的胎内环境，而出生后则面临一个全新的、充满变化的胎外环境。对于他们而言，这一变化是巨大的，但为了维持生命活动不得不适应。

（2）对周围世界的认知。0～1岁学前儿童在出生后不久，便能够对进入他视野的物体进行注视，还会逐渐产生倾听声音的能力，从而得以认识周围的世界。

（二）1 ~ 3 岁学前儿童发展的年龄特征

1 ~ 3 岁是学前儿童学会走路、说话的一个重要时期，也是其心理获得进一步发展的重要时期。具体而言，1 ~ 3 岁的学前儿童主要呈现出以下鲜明的特征。

1. 动作发展逐渐完善

1 ~ 3 岁学前儿童的各种动作相比之前，有了很大的发展，并呈现出逐渐完善的趋势，具体表现在以下两个方面。

（1）逐渐学会了自如行走。1 ~ 3 岁学前儿童在 1 岁左右时刚刚开始学步，走路还很不稳，2 岁以后便能够较为自如地行走，并开始学习跑、跳和攀登等动作。不过，他们这一时期的行走动作还不够灵活，且比较缓慢、笨拙，摔跤也是常有的事，但他们往往非常喜欢走路，通过锻炼，他们的行走动作也会很快地熟练起来。

（2）逐渐学会了用手使用工具。1 ~ 3 岁学前儿童的手部动作相比之前更加灵活了，往往能够将各种东西较为精准地拿住，还开始使用勺子、碗等工具。他们在用手使用工具时，虽然还较为笨拙和不够精准，但相比以前的手部动作来说已经向前发展了。

2. 独立性开始显现

1 ~ 3 岁学前儿童逐渐学会了独立行走，因而不再像以前那么顺从，这从侧面反映了其已经出现了独立性。对于学前儿童而言，独立性的出现是其心理发展的重要一步，也标志着其开始出现了自我意识。换言之，独立性的出现，标志着学前儿童在心理水平方面已经有了很大程度的提高。

3. 出现新的心理活动

1 ~ 3 岁学前儿童相比之前出现了一些新的心理活动，这主要是通过以下方面体现出来的。

（1）语言能力有突破性发展。1 ~ 3 岁学前儿童的语言能力获得了突破性发展，已经学会了说话，能够说一些简单的词语和句子，还提高了对语言的理解水平。

通常而言，1 ~ 3 岁学前儿童首先会说和理解的词是他们经常接触到的物体的名称，如饭等；其次是对成人的称呼，如爸爸、妈妈等；再次是衣服和玩具的名称，如球、帽等；最后是对人的身体的称呼，如嘴、眼、手、耳等。另外，1～3岁学前儿童在1岁半以前，发音非常不准确，还喜欢说话时用叠音，如手手、车车等，而且他们这一时期所说的句子大多不完整，常常是以词代句，或是非常简单的句子。但接近3岁时，其在与成人不断的言语交流活动中，语言能力有了明显的提高，往往可以在不知不觉中就能说出一千多个词语，而且能够说出一些较为完整的句子了。

（2）出现想象和思维活动。1～3岁学前儿童在对物体进行操作时，通常会伴随一些简单的想象活动，如会将筷子当成小提琴来拉等。而想象活动的出现，使得1～3岁学前儿童的游戏活动能力有了进一步的提高。1～3岁学前儿童能以已有的记忆表象为基础，对事物进行简单的判断、概括与推断，如将性别、年龄不同的人进行分类，并赋予不同的称呼；还能够对一些简单的事物作出判断，如会提问“太阳为什么会落山”“月亮为什么不睡觉”等问题。这表明，1～3岁学前儿童已经出现了思维活动。不过，其这一时期的思维活动有着鲜明直观行动性特点，即在行动的同时进行思维。

（三）3～4岁学前儿童发展的年龄特征

3～4岁学前儿童已经达到了进入幼儿园小班的年龄，而且其这一时期的心理获得了进一步的发展。具体而言，3～4岁学前儿童主要呈现出以下鲜明的特征。

1. 展现出较强的模仿性

3～4岁学前儿童有着很强的模仿性，且其模仿多集中在表面现象上，如模仿幼儿园教师说话的声调、坐的姿势等。但不可否认的是，模仿是3～4岁学前儿童进行学习的最主要方式，且对他们行为习惯的养成有着重要影响。不过，在3～4岁学前儿童进行各种各样模仿活动的过程中，许多不良的行为习惯也会随之形成。因此，不管是家长还是幼儿园教师，都要注意自己在3～4岁学前儿童面前的一言一行。

2. 依靠动作与行动认知事物

3～4岁学前儿童在对事物进行认知时，主要依靠的是动作和行动。换言之，他们在认知事物时是先做再想，而不是在做之前先想好。此外，3～4岁学前儿童的注意力也往往与动作相连，并很容易因为动作而分散了注意力。

因此，在组织 3 ~ 4 岁学前儿童进行活动时，要尽可能减少他们手中的无关玩具。

3. 情绪变大并且不太稳定

3 ~ 4 岁学前儿童的情绪越来越大，常常会因为微不足道的小事而哭闹，而且此时他们听不进去任何的道理。但是，父母和幼儿园教师如果用其他的事情分散他们的注意力，他们则很容易破涕为笑。另外，3 ~ 4 岁学前儿童的情绪很不稳定，很容易被外界环境影响。对此，家长和幼儿园教师要有充分的认识，并积极采取有效的措施引导、调节他们的情绪。

（四）4 ~ 5 岁学前儿童发展的年龄特征

4 ~ 5 岁学前儿童已经达到了进入幼儿园中班的年龄，而且其这一时期的心理获得了进一步的发展。具体而言，4 ~ 5 岁学前儿童主要呈现出以下鲜明的特征。

1. 显现活泼好动的本性

活泼好动本身就是学前儿童的一个重要特征，而这一特征在 4 ~ 5 岁表现得更为突出。具体而言，4 ~ 5 岁学前儿童可以说一刻不停地都在进行活动，而且对任何东西、任何事情都感到新鲜和好奇，但是，他们还没有形成较强的自我控制能力，因而常常让家长和幼儿园教师感到非常难带。不过，这也正体现了 4 ~ 5 岁学前儿童所具有的浓厚童趣。

2. 开始意识并遵守规则

4 ~ 5 岁学前儿童已经意识到日常生活中有一些规则需要遵守，并开始对这些规则进行遵守。例如，他们逐渐意识到了教室内不可大喊大叫和追跑、不可乱扔垃圾、遇到人多要排队、饭前要洗手等行为规范和生活准则，并在日常生活中遵循着这些规则。此外，4 ~ 5 岁学前儿童已经可以在进行集体活动时初步对集体活动规则进行遵守，还能够对一些游戏规则进行理解等。这些都表明，4 ~ 5 岁学前儿童的心理已经得到了极大发展。

3. 可以对游戏进行组织

4 ~ 5 岁学前儿童相比之前更加爱玩，也更加会玩了，而且他们已经能够理解游戏规则并进行遵守，还能够自己对游戏进行组织，并对游戏主题进行确定、对游戏角色进行安排等。而且，4 ~ 5 岁学前儿童在游戏过程中，会逐渐结成一定的同伴关系，进而对如何与他人相处进行初步的学习。在其影响下，4 ~ 5 岁学前儿童的社会性会得到进一步的发展。

4. 凸显自身的形象思维

4 ~ 5 岁学前儿童在进行思维时，主要依靠的是自己头脑中的表象，因而其思维有着鲜明的具体性和形象性特征。换言之，4 ~ 5 岁学前儿童的思维是具体形象的思维。4 ~ 5 岁学前儿童的思维具有形象性和具体性，表现在很多方面，从听故事到理解事物，从掌握数的概念到解决问题等，都有一定的表现。例如，当幼儿园教师带领小朋友用旧报纸做贺卡后，这些小朋友在回家后想要为妈妈做一张贺卡时，通常会非要用旧报纸，给他其他的纸张则不会要。

（五）5 ~ 6 岁学前儿童发展的年龄特征

5 ~ 6 岁学前儿童已经达到了进入幼儿园大班的年龄，而且其这一时期的心理获得了进一步的发展。具体而言，5 ~ 6 岁学前儿童的心理发展主要呈现出以下鲜明的特征。

第一，产生了强烈的好奇心和求知欲望。5 ~ 6 岁学前儿童有着强烈的好奇心和求知欲望，他们会对各种各样的问题进行刨根问底的追问。5 ~ 6 岁学前儿童不再满足于对事物的表面现象进行了解，而是要弄清楚事物的原因。

第二，认知水平得到了极大提高。5 ~ 6 岁学前儿童与之前相比，认知水平有所提高，最主要的表现是对智力活动越来越喜欢，而且一旦学到新的知识或新的技能便会感到非常兴奋。

第三，自身个性雏形形成并逐渐显现。在心理学上，个性又称“人格”，指的是一个人比较稳定的、具有一定倾向性和各种心理特点或品质的独特结合。学前儿童的个性并不是先天具有的，而是在出生后很长一段时间内通过与外界环境的相互接触和相互作用而逐渐形成的。具体而言，学前儿童个性的雏形形成于 5 ~ 6 岁，并呈现出一些鲜明的特征：①5 ~ 6 岁学前儿童已经能够对自己的情绪进行克制，而且其情绪变化与之前相比小了很多。不过，这也使得他们不再将自己的思想感情明显地外露出来，因而有时很难将他们的真实想法猜透。②5 ~ 6 岁学前儿童在对待事物时，已经形成了自己较为稳定的态度，而且他们在看待问题时也逐渐产生了自己的见解。③5 ~ 6 岁学前儿童已经能够对自己的行为进行思考，而且有时候会对自己的行为产生顾虑。需要特别指出的是，5 ~ 6 岁学前儿童虽然已经逐渐形成了自身个性的雏形，但其个性仍有着很大的可塑性。因此，家长和幼儿园教师在日常生活和学习中，要注意引导学前儿童形成良好的个性。

第四，对认知方法有了初步掌握。5 ~ 6 岁学前儿童已经对认知方法有了初步的掌握，已经能够有意地自觉控制和调节自己心理活动的行为，而且在观察、注意、记忆、思维、想象等认知活动方面具有了一定的方法。具体而言，5 ~ 6 岁学前儿童对认知方法的初步掌握是通过以下方面体现出来的：①5 ~ 6 岁学前儿童在对图片进行观察时，随意性逐渐减弱，而是能够按照一定的规律或一定的顺序去看。②5 ~ 6 岁学前儿童在进行绘画时，通常是想好之后再动笔。③5 ~ 6 岁学前儿童在注意事物时，若无法集中注意，则会主动采取一些有助于集中注意的方法。例如，当他们发现某个地方很喧闹且不适合看书时，会自动寻找一个安静的地方看书。④5 ~ 6 岁学前儿童在对事物进行记忆时，已经学会了运用一定的方法，如边听边念等。⑤5 ~ 6 岁学前儿童在对问题进行解决时，会事先对自己的思维及活动过程进行规划，并注意运用一些方法对问题进行更好的解决。

第五，抽象逻辑思维开始显现。5 ~ 6 岁学前儿童虽然仍以具体形象思维为主，但也开始出现了抽象逻辑思维，具体表现在以下方面：①5 ~ 6 岁学前儿童已经能够按照一定的标准归类事物，而且能够判断出事物之间的关系；②5 ~ 6 岁学前儿童已经对“序”有了初步的概念，能够正确地排列顺序；③5 ~ 6 岁学前儿童已经对数的概念、抽象的概念（如困难、勇敢、左、右等）、类的概念有了初步的了解与掌握；④5 ~ 6 岁学前儿童已经能够按照类别来记忆事物；⑤5 ~ 6 岁学前儿童已经能够简单地判断事物的因果关系。

二、基于儿童持续发展的学前教育

“课程建设是幼儿园教育的核心工作，是学前教育高质量发展的主阵地，推动课程游戏化建设，培育优质课程，既是学前教育高质量发展的根本保证，也是一个幼儿园乃至整个区域学前教育永葆活力的重要动力。”[①]“儿童本位”是课程的核心思想，只有促进“儿童本位”思想的贯彻落实，才能实现幼儿

① 钱洁雅．儿童为本实践导向持续生长：聚焦学前教育高质量发展的区域课程发展纪实[J]．早期教育，2022（18）：4.

园课程实践的可持续发展和学前教育课程的高质量发展。在课程探索的道路上，我们坚持以儿童为中心，以课程质量提升为关键，实现了以下两个方面的进步。

（一）回归儿童，促进儿童生长

幼儿园课程的设计应当致力于激发所有儿童的潜能，并与他们的发展密切相关。课程的构建必须遵循幼儿的身心发展规律和学习特点，将儿童作为课程设计的中心，确保他们在学习过程中能够全面发展。在这样的课程中，儿童被看作独立意识的主体，价值观应包括开放、宽容、尊重、自由和批判意识。他们的吸收力、心智和能力都应受到尊重，并且教师需要根据每个孩子的发展速度和学习节奏来制订相应的教学计划。

幼儿园的课程研究和实践应当着重关注隐性课程、经验建构和游戏环境。隐性课程是指通过日常生活和园所文化，将儿童的立场渗透其中，让他们在实践中学会价值观、社会规则和道德意识。经验建构则是将儿童立场融入各种游戏活动，通过互动与探索，帮助他们建构知识和理解世界。同时，创设有利于儿童发展的游戏环境，可以在生活和学习的各个领域中培养他们的创造力、想象力和问题解决能力。

基于儿童视角的幼儿园课程能够为儿童的高品质成长提供支持，促进学前教育的高质量发展。通过将儿童放在学习的中心位置，尊重他们的个体差异和发展需求，课程能够满足他们的成长需求，培养他们的兴趣和潜能。这样的课程设计不仅能够促进儿童的认知、语言、社交和情感发展，还能够培养他们的创造力、批判思维和解决问题的能力。同时，这种基于儿童视角的课程也能够为教师提供指导和参考，帮助他们更好地理解儿童的需求，设计有针对性的教学活动，提供有效的教育支持。

综上所述，基于儿童视角的幼儿园课程以激发儿童潜能为目标，并紧密关注儿童的发展需求，它将儿童视为独立主体，重视价值观的培养，同时满足儿童的吸收力心智，尊重其能力、发展速度和学习节奏。通过关注隐性课程、经验建构和游戏环境，课程能够将儿童的立场渗透在日常生活、园所文化和各种游戏活动中。这样的幼儿园课程设计支持儿童的高品质成长，促进学前教育的高质量发展，为儿童的全面发展奠定坚实基础。

（二）立足教研，提升教学质量

在课程的顶层设计、组织实施及评价审议中深度贯彻正确的儿童观与课程观，是学前教育教研的关键研究点。同时，教研工作以儿童研究为重点，聚焦儿童观察，让儿童“隐形”参与教研，使“儿童本位”思想贯穿于课程建设的全过程，以更好地实现课程的高质量发展。除了在学前教育系统内构建教研网络，还要发展出跨学段的联合教研网络。强调联合教研的重要意义、基本原则，提出研究的内容和实施策略，为联合教研工作的开展和推进指明了方向。

第二节 学前教育理论依据与创新发展

一、学前教育的理论依据

（一）埃里克森心理社会发展理论

埃里克森心理社会发展理论的核心内容，是关于每一个人的生命周期的各个阶段，贯穿于人们从出生到死亡的整个过程。心理社会理论强调人的发展的社会环境，在社会环境中解决每一个发展阶段中相应的问题。这样的阶段理论有助于教师预知每一个儿童的发展过程中的重要问题，可以帮助儿童在每一个阶段中达到一种健康的平衡状态，并且基于生活事件协调先前经历过的阶段，使之达到再平衡状态。以下探讨的内容是有关儿童在他们的发展过程中形成的重要关系，主要是与他们周围的人和环境所形成的关系。学前儿童主要有四个发展阶段，即婴儿期、学步期、学前期和学龄期，以下分别进行具体分析。

第一，婴儿期。在埃里克森的心理社会发展理论中，婴儿期（信任/不信任）是第一个阶段。个体在这个阶段形成基本的“信任”，得到“希望”的力量。在这个阶段中，婴儿在他们所处的环境中与其看护人权衡着信任和不信任的关系。如果婴儿的需求能够得以持续地、准确地、关爱地得到满足，那么就形成信任，婴儿就会认为这个世界是安全的、可靠的。

第二，学步期。学步期可以帮助儿童发展自主能力，锻炼他们的自我意志之力。在这个阶段中，儿童根据自己的意愿来作出行为。学步期的幼童开始到处活动，能够控制自己的身体行为。如果他们具备了足够的信任感，从而敢于冒险，尝试新的活动，把握周围的环境，那么他们就形成了自主性。在这个阶段也形成了一种对立：一方面是儿童自己的意愿；另一方面则是儿童周围的人和环境所给予的限制。所以，儿童在这个阶段常常会形成挫败感，这种情绪往往表现为发脾气和不听话。

第三，学前期。学前期阶段（主动 / 愧疚）是一个儿童喜欢游戏的年龄段，在这期间儿童可以发展主动性，锻炼坚强的意志。

在 3 ~ 5 岁这个年龄段，儿童正在形成并且开始表现出人类社会群体成员所必备的基本技能和特征。例如，使用较为复杂的语言，建构性地、戏剧性地玩耍某些物体或者一起参与游戏，读写能力开始萌芽，包括理解图片、符号、标识和名称。

在学前期阶段中，游戏是主要的活动，儿童通过假装的形式来尝试、学习和应用新的知识。学前期的儿童总是想尽办法开展游戏，或者和其他人一起，或者自己一个人。儿童在这个阶段表现出明显的主动性，努力尝试新的事物。提出问题，触摸周围的物体，敢于冒险。

在儿童发展的每一个阶段中，他们都具有内在的动力。在人们相互之间的关系中，儿童的内在动机的驱动来自他们的运动发育和心智发展。在上一个阶段即学步期的发展中，由于能够走开或跑远，幼童产生了自主性。这个学前期阶段产生的主动性也是基于这样的身心发展：道德感开始形成，交际技能初步成熟，就有利于目标明确的行为的顺利开展。儿童从人际关系中获得的快乐有利于他们不断地尝试和创造，也有助于共情的形成和发展。

第四，学龄期。学龄期（勤奋 / 自卑）的儿童表现出勤奋的特征，他们开始有所成效，能力得以培养。5 岁之前，从最初的新生儿开始，儿童逐渐掌握了各种各样的身体动作技能和语言交际方法，也慢慢学到了在日常生活中与人相处的种种方法。于是儿童就这样长大了，迎接正式的学校学习阶段的系统训练。

此外，儿童教育专家在研究教学方法的时候，把 6 ~ 8 岁的儿童归类为幼儿阶段。埃里克森理论所说的学龄期则贯穿整个小学阶段，这也是西格蒙德 · 弗洛伊德所说的潜伏期。在全世界各个地方，人们都期望儿童在六七岁的时候能够成为较为合格的社会成员。在学龄期阶段，儿童有义务也有责任去遵循各种社会规则。通过观察成人和大孩子们的言行举止，遵从他们的教导去训练，儿童学习相应的社会知识。如果有成人和同伴们的有效参与，书写和数学这样的技能学习也会有很好的效果。

（二）基于维果茨基的学前儿童教育理论

维果茨基及其学生的理论应该放在当时的社会背景下看待，其中包括当时已有的以及新兴的育儿观和教育实践。在考虑维果茨基思想对今天西方和其他地方的幼儿教育的适用性时，了解这些实践的异同是十分重要的。为了帮助读者更好地理解基于维果茨基的幼儿教育理论，将对一些术语进行定义，并简要概述维果茨基及其学生所处的时代的幼儿教育系统。

维果茨基及其学生在20世纪90年代初的著作中对术语“儿童早期”（early childhood）和“儿童早期教育”（early childhood education）的使用。在西方文献中，对于这两个术语的使用并不一致。最广泛的定义来自全美幼教协会和经济合作与发展组织（OECD），他们将“儿童早期”定义为0～8岁；而世界卫生组织将产前期纳入“儿童早期”的定义。同时，大多数关于儿童早期课程和教学法的出版物关注的对象是3岁至进入小学阶段的儿童。这种与“早期教育”有关的术语的不一致性在俄罗斯或苏联表现得很明显，维果茨基主义者及后维果茨基主义者的大部分研究就是在这种情况下进行的。在维果茨基时代，儿童8岁入学；随后，入学年龄降低到7岁；后来，6岁的儿童也可以选择入学，让他们多接受一年的初等教育。

关于文化—历史方法与儿童早期教育的关系，维果茨基和他的学生主要将他们的理论应用于中心式教育或课堂教育，而关注家庭等其他背景的研究则明显较少，这一方面可以归因于苏联政府对社会科学强加的集体主义思想；另一方面也可以归因于越来越多的职业母亲给孩子选择中心式幼儿教育机构。接受学前教育计划服务的大多是3～6岁的儿童，而只有少数的父母会让3岁以下婴幼儿进入幼儿园，即便这些幼儿园也是以中心为基础，并配备了合格的幼儿教师。

1. 维果茨基的儿童发展观

维果茨基教育方法的一个特点是，他和他的学生不只是把课堂看作应用学习发展理论的地方，还将其作为研究儿童发展的“实验室”。因为在他看来，儿童的发展由社会背景塑造，这种方法可以延伸到为有特殊需要的儿童设计的项目，以及那些旨在取代父母照料的项目，如孤儿院和寄宿学校。将所有这些不同背景下的研究整合起来，使得维果茨基和他的学生提出了丰富的理论，用于描述社会背景下儿童的发展。

对维果茨基而言，儿童早期并不是一个按时间顺序排列的概念。它与童年中期有质的区别，它由三个不同的时期或“年龄段”组成，每个年龄段都建立在前一个年龄段的基础上。婴儿期指的是儿童从出生到大概12个月龄的时期；幼儿期（或维果茨基所说的“早期”）指的是12～36个月龄；学龄前期指的则是从36个月龄一直到上学之前，包括西方所说的幼儿园时期。维果茨基的“年龄段”既是社会形态，也是生物构造。从婴幼儿时期到学龄前和小学阶段的每一个年龄段，都是以儿童心理过程结构所发生的系统变化来界定的，也是由儿童在独特的社会发展情境中成长所产生的主要发展成就来界定的。维果茨基认为这种社会情境既是发展的发动机，也是发展的基本来源。这一观点决定了维果茨基的研究方法是从一个年龄阶段过渡到下一个年龄阶段。

虽然维果茨基在有生之年没有完成他的儿童发展理论，但他的著作表明，他把发展看作一系列稳定期，随后是关键期。质变在这些关键期发生，整个心理机能系统也在这一时期发生了重组，从而出现了认知和社会情感的新形态或发展成就。在稳定期，虽然新形态没有出现，但儿童仍然继续发展他们现有的能力，发展表现为儿童能够记住和处理事物数量的变化。

从表面上看，关键期（或维果茨基所说的“危机”）伴随着儿童行为的变化，这些变化往往被成人认为是消极的：过去随和、顺从的儿童开始以一种“对立—反抗”的方式行事。维果茨基把这些突如其来的变化解释为：儿童新出现的需要与当前的社会发展情境对这个儿童的制约发生了冲突。如果能克服这种分歧，就会推动儿童进入下一个发展水平。维果茨基和他的学生把与这些危机相关的典型年龄确定为1岁、3岁和7岁。这些转折点对应着从婴儿期到学步期、从学步期到学龄前期、从学龄前期到学龄期的过渡。

得益于后维果茨基主义者的研究，维果茨基最初的稳定期和关键期的观点得到了完善和扩展，并形成了一个理论，其中包含了明确定义的发展阶段，还解释了儿童从一个阶段过渡到下一个阶段的潜在机制。后维果茨基主义者对儿童发展理论的主要贡献之一就是阐述了维果茨基关于社会情境发展的概念，形成了主导活动思想。主导活动指的是一定发展阶段的儿童与社会环境之间的一种互动，这种互动对儿童的发展是最有利的。儿童参与主导活动会形成这个年龄段的新形态(发展成就),并为他们进入下一个年龄段做好准备。反过来,发展成就被定义为能力和技能,这些能力和技能不仅对特定年龄段而言是新的,而且对儿童在下一个阶段参与主导活动也至关重要。

要描述维果茨基的幼儿教育方法,就不能不提及他对游戏的看法。游戏不仅是学龄前期和幼儿园阶段的主导活动,而且是基于维果茨基帮助下的游戏方法,也是文化—历史理论的主要原则实际应用的例子。虽然维果茨基主义者与其他许多儿童发展理论家一样都相信游戏的重要性,但他们对游戏的定义和成人在游戏中帮助儿童的作用的看法是独特的。首先,在他们把游戏定义为主导活动的过程中,维果茨基把重点放在一种特定的游戏上——通常被称为“假装的、社会戏剧性的或虚拟的游戏”,而忽略了其他许多类型的活动,如运动、游戏、物体操作和探索,这些活动过去(现在仍然)被大多数教育者和非教育者称为“游戏”;其次,在维果茨基及其学生的著作中,他们所谓的游戏特征是后来被称为“完全发展的”游戏形式,而不是学步期儿童或较年幼的学龄前儿童在启蒙阶段玩的游戏。

维果茨基认为这种“完全发展的”游戏主要有以下特点:儿童创造一个想象的场景,扮演和表演角色,遵循由特定角色决定的一系列规则。每一个特征都对儿童的发展起着重要作用,并可以将其理解为儿童高级心理机能的发展。在想象的情境中进行角色扮演,要求儿童做出两种类型的动作:外部动作和内部动作。在游戏中,这些内部动作,即“有意义的操作”,仍然依赖对对象的外部操作。然而,内部动作的出现标志着一个儿童开始从早期的思维方式—感觉运动和视觉表征—向更高级的象征性思维过渡。因此,虚拟游戏为两个高级心理机能——思维和想象——奠定了基础。因此,与人们普遍认为的儿童需要想象力的观点相反,维果茨基主义者认为想象力是游戏的产物,当儿童不再需要玩具和道具作为物理“支点”来帮助赋予现有物体新的意义时,想象力就会出现。

根据维果茨基的观点,另一种促进高级心理机能发展的方式是促进有意的、刻意的行为。维果茨基的游戏观与其他理论不同,其他理论将游戏视为一种活动,在这种活动中,儿童完全不受任何约束。此外,维果茨基的学生丹尼尔·埃尔科宁详细阐述了维果茨基的观点,提出了文化—历史游戏理论,也称为“有意行为学派”。这种游戏特征之所以成为可能,是因为儿童扮演的角色、他们使用的装扮道具以及他们在扮演这些角色和使用这些道具时需要遵守的规则之间存在着内在的联系。对于学龄前儿童而言,游戏是他们参与的第一项活动，在这项活动中，儿童不是被这个年龄段普遍存在的即时满足的需要驱使，而是被抑制其即时冲动的需要驱使。

维果茨基游戏理论的另一个决定性原则是它的社会文化本质。由于不同文化背景下的儿童在发展过程中所处的社会环境不同，游戏在其发展过程中的作用也不同。在前工业文化中，游戏的主要功能是让儿童为参与明确定义的“成人”活动做准备，而现代游戏则是非实用主义的，没有为儿童准备特定的技能或活动，但是让儿童为今天的学习任务以及人类尚不能想象的未来任务做准备。维果茨基通过“文化—历史”观来看待游戏，这意味着游戏不是自发地出现在某个儿童身上的东西，而是由儿童在与其他人的互动中共同建构的，这些互动的性质和程度由社会环境决定。虽然由年长儿童担任游戏导师的混龄游戏小组曾经是儿童文化的一个共同特征，但如今在许多西方国家，这种互动越来越少，这就使得越来越少的儿童能够在读完幼儿园后达到“充分发展”的游戏水平。随着越来越多的儿童在幼儿园和学前班与同龄孩子一起度过，教儿童如何游戏成为成人的责任。

2. 维果茨基的最近发展区教学理论

其他发展理论认为儿童只能学习那些他们已经准备好的技能和概念，但维果茨基主义者认为，这种准备本身可以通过教学过程来确定和促进。虽然确实有些学习不可能发生，除非具备了发展的前提条件。例如，如果儿童的运动技能没有发展到可以抓稳书写的工具，那么他们就不可能学会写字。反之亦然，认知、社交或语言方面的能力也不可简单地视为随着年龄的增长而出现，而是取决于儿童的学习内容。针对“跟着儿童走的”言论支持者，维果茨基写道：旧的观点认为，养育方式应适应儿童的发展（在时间、速度、思维方式和感知方式等方面），它并没有动态地提出这个问题。新的观点……将儿童带入其发展和成长的动态中，并提出教育应该把儿童带到哪里。

维果茨基提出的“最近发展区”（Zone of Proximal Development，ZPD），既反映了学习与发展之间关系的复杂性，也反映了高级心理机能的共同形式向其个体形式过渡的动态性。之所以使用“区”（zone）这个词，是因为维果茨基把儿童在任何特定时间的发展设想为处于掌握不同水平的技能和能力的连续体。他通过使用“最近”（proximal）一词表明，区间仅限于那些将在不久的将来发展的或“处于出现边缘”的技能和能力，而不是最终出现的所有可能的技能和能力。因此，一个儿童的最近发展区是由他的下位边界（lower boundary）来定义的，它表示这个儿童的独立表现水平；而它的上位边界（upper boundary）代表这个儿童得到帮助后的表现水平。一种技能或一种能力越接近独立表现的水平，这种技能的出现所需要的帮助就越少。如果在最大程度的帮助下，儿童仍不能掌握某项技能或概念，则表明该技能或概念目前不在他（或她）的最近发展区范围。

最近发展区所包含的技能和能力并不能决定儿童当前的发展水平，而是决定儿童的发展潜力。如果没有得到指导或与能力更强的同伴合作，那么这种潜力就可能无法实现，因此儿童也就永远无法达到更高的发展水平。儿童的最近发展区随着学习而变化，可能今天还需要在他人的帮助下才能完成的任务，到了明天就可以独立完成。之后，当儿童完成更困难的任务时，就会出现一个新的辅助表现水平。随着儿童获得的技能和能力越来越复杂，这种循环会不断重复。

发展的观点在某种程度上取决于教与学，这促使维果茨基提出了一种不同的评估方法，用于评估儿童的能力。在维果茨基时代使用的评估方法（至今仍在使用）禁止测试者向儿童提供任何帮助。因此，对儿童认知或语言能力的评估并不能确定儿童的低水平表现是由发育迟缓还是由教育剥夺造成的。维果茨基建议在评估的过程中加入成人的帮助，如提示或重新表述测试问题的形式，这种修改不仅可以评估儿童现有的技能和能力，而且可以评估那些由于缺乏教育机会而尚未浮出水面但仍有发展潜力的技能和能力。维果茨基的见解在后来形成了一种新的评估方法，这种方法被称为“动态评估法”，目前被应用于心理学和教育领域。

除了影响评估实践，维果茨基的最近发展区概念还将适合发展的概念扩大到包括儿童在协助下可以学习的概念。维果茨基认为，最有效的教学是针对儿童的最近发展区的更高水平，这意味着教师提供的活动应刚好超出儿童能独立完成的范围，且在别人的帮助下能够完成的范围。虽然这一理念很快在教育工作者中流行起来，但在课堂实践中遇到了一些挑战。首先，课堂上每个儿童的最近发展区之间存在着很大的差距，加上一间教室内的儿童最近发展区处于不同范围和水平，解决每个儿童的个人最近发展区问题以促使教学效果最大化似乎并不可行；其次，对许多儿童而言，“在指导或合作下”的能力似乎并不能最终转化为他们在同一水平上的独立表现能力。由于最近发展区在课堂上的使用面临着这些挑战，大多数关于儿童区域内互动的研究仅限于在实验室或家庭情境下的一对一互动。

与此同时，几代后维果茨基主义者的研究以及教师在幼儿课堂中践行维果茨基理论的经验表明，通常可以针对每个儿童的最近发展区来设计教学实践。最近发展区中的协助概念需要扩展到成人或更有经验的同伴之外，包括各种社会情境（如结对工作、指导经验较少的同伴或参与专门设计的小组活动）、各种辅助工具以及儿童可用于自我帮助的行为（如自言自语、写作或绘画）。有了这种广泛的协助观，让全班儿童都能发挥最高水平的想法听起来就不再不切实际。对于学前班和幼儿园的儿童而言，维果茨基的充分发展的虚拟游戏是最有益的环境，这一环境使所有儿童都能在其各自的最近发展区的最高水平上发挥作用，无论他们最近发展区的范围或大小如何。

支架的概念可以帮助儿童从辅助表现过渡到独立表现。虽然维果茨基本人并没有使用这个概念，但这个概念有助于我们理解如何在儿童的最近发展区的范围进行目标教学，以促进儿童的学习和发展。对于大多数儿童而言，从被帮助到独立是一个渐进的过程，包括从使用大量的帮助到慢慢地减少帮助，再到不需要任何帮助；从他人帮助到自我帮助，最后到独立，设计适当的支架意味着从为儿童提供帮助的那一刻起，就要开始计划如何撤销这种帮助。利用教师直接协助以外的帮助的儿童已经离完全独立又近了一步；完全独立的儿童现在已经准备好接受更困难的任务和新的帮助。通过协调帮助的数量和质量，以适应每个儿童的个人需要和优势，就有可能最大限度地发挥每个儿童的学习潜力。

维果茨基的有效教学理念针对的是儿童的最近发展区，这一理念被他的学生进一步推广，尤其是亚历山大·扎波罗热茨，他创建了全苏联学前教育研究机构，并担任该机构的主任 20 年。扎波罗热茨强调在幼儿的最近发展区范围教授技能和能力的必要性，他谴责加速发展的做法，这种做法旨在过早地把学步幼童变成学龄前儿童，把学龄前儿童变成一年级学生。这种不必要的加速发展的另一种做法是扩大发展：通过确保所有可能出现的技能和能力在适当的时候出现，最大限度地利用儿童的最近发展区。

二、学前教育的创新发展

20 世纪 80 年代以来，由于各国的普遍重视与投入，学前教育在世界范围内，尤其是在第三世界里获得长足的发展。各国适龄儿童入园率都有不同程度的增长，各国学前教育的质量也有大幅的提高。现代学前教育开始走向成熟和繁荣。在这一现代学前教育迅速发展、分化的时期里，也相继涌现出许多新的发展趋势和导向。随着社会的发展，由于现代学前教育理论的多元化，研究工作的科学化、研究手段的现代化以及学前教育实践的系统化等原因，学前教育的发展开始逐渐走上正轨，其态势也逐渐明朗和显见。

（一）学前教育的创新观念

观念是实践的先导，而实践则是检验观念的唯一标准，观念与实践之间有对立也有统一，二者相互依存、相互促进、共同发展。现代学前教育观念及其实践的关系也不例外。本书认为，现代学前教育思想与现代学前教育实践之间的不同发展状态，反映了现代学前教育本身的不同发展与成熟状态。例如，在20世纪六七十年代，现代学前教育发展的初期，学前教育实践远远跟不上时代和社会的需要，与先行的观念之间存在较大的距离。而目前，学前教育观念正好构成现代学前教育实践的“最近发展区”，二者间距离适中，从而构成良好的动态发展关系。概括而言，现代学前教育里具有普遍影响的新观念有以下三个方面。

1．胎教的兴起

胎教的兴起与胎儿心理研究的重大进展是分不开的。严格而言，胎教在我国是一项古老而久远的学前教育实践活动，而并不是现代才产生的所谓“新观念”。查阅古籍中最早有关胎教的记载，可以确认中国提出胎教要比希腊学者、著名哲学家亚里士多德提出的胎教观点早一千多年。但不同的是，这一并非发轫于中国的现代胎教思想与我们古已有之的传统胎教思想有所不同，它是一种建立在实证性研究基础上的新型的具有严密科学性的思想，而我国古代胎教学说主要是建立在实际经验和观察研究的基础上的，科学性和可信性并不高。

胎教的兴起与发展是与两本胎教著作的出版密不可分的。1987年，为配合日本著名教育家、企业界巨子井深大先生的访华讲学，其专著《零岁——教育的最佳时期》的译本在我国正式出版发行，书中所表达以及他本人在讲学中所介绍的崭新的胎教思想和观念极大地震动了望子成龙的中国父母们。同时，提醒了中国儿童心理和儿童教育界的同行们，向他们展示了胎教这一古老而又沉寂的研究领域所可能面临的光辉前景。此后，胎教的理论和实验研究及各式各样的胎教实践活动在我国迅速展开，并受到一些胎儿父母的积极响应和欢迎。但是，由于传统医学观念和保守思想的作祟，同时由于胎教本身的某些畸形发展，很多人仍然怀疑胎教的教学性和可行性，并斥之为“现代迷信”。例如，北京人民医院刘泽伦教授的《胎教的实用与科研》一书同时在海峡两岸出版发行，该书生动而系统地介绍了20世纪80年代中后期以来国内外胎教实用与科研方面的最新材料，从而消除了人们对胎教的怀疑和不信任，一举奠定了现代胎教在我国学术界的科学地位，极大地推动了现代胎教在我国的发展。

2. 将儿童发展作为教育的目标

世界各国的学前教育工作者从儿童个体发展的规律出发，提出了以儿童发展为核心的教育目标。学前教育的目标将有以下特点：一是强调儿童的整体发展而并非某一方面的发展；二是着眼于未来，加强人际交往能力、创造力以及个性方面的互助、合作、分享、宽容等品质的培养目标；三是注重个体与群体并重的发展目标。儿童发展本身（无论是个体还是群体的发展）将作为学前教育的根本目标。

3. 对学前教育过程的新认识

学前教育过程主要包括教师的“教”和儿童的“学”以及二者之间的相互作用（相互关系）三个方面的内容。当前我们对学前教育过程的新认识主要是对儿童学习活动的全面而深刻的理解和对师生关系的崭新而科学的认识这两个方面。

（1）对儿童学习活动的新认识。过去，人们常常认为儿童的学习活动主要发生在教师组织的集体教育环境中，而现在的新认识表明，儿童的学习活动远不止于此。幼儿的学习包括接受学习、游戏中的学习和发现学习。接受学习指的是在教师的指导下学习知识和技能；游戏中的学习是指通过参与游戏，儿童在自由、愉悦的环境中探索、实验和学习；而发现学习则强调儿童在自发观察和探索中积极构建知识和理解。这些新认识意味着教师应该为儿童提供多样化的学习机会，充分利用游戏和自发观察探索的方式，促进他们全面地学习和发展。

（2）对师生关系的新认识。过去，教师主导的观念主导着师生关系，教师被视为知识的传授者和指导者，学生则是被动接受知识的对象。然而，随着研究的深入和教育理念的发展，人们对师生关系有了新的认识。现在，以儿童为中心的师生关系和教师主导、儿童主体的双主体模式逐渐取代了传统的教师主导观念。在不同类型的学习活动中，教师与幼儿的作用和关系是动态变化的，需要根据情境作出适当的调整。这意味着教师应该关注儿童的需求和兴趣，倾听他们的声音，与他们建立合作和互动的关系，从而更好地支持他们的学习和成长。

在游戏学习中，教师和幼儿之间存在相互作用的动态过程。教师在游戏的发起阶段起主导作用，为儿童提供游戏的目标、规则和指导，激发他们的兴趣和参与度。然而，一旦游戏开始后，教师的角色逐渐转变为支持者和观察者，让幼儿在游戏中发挥主导作用。在游戏进行中，教师不再直接控制游戏的进程，而是通过观察和提供适时的引导来支持幼儿的学习和发展。教师可以借助游戏中的机会观察儿童的行为和思维方式，了解他们的兴趣、能力和需求，并为他们提供必要的支持和指导。在这个过程中，教师和幼儿之间的关系是相互交流、相互影响的。教师可以引导幼儿在游戏中提出问题、尝试解决问题，并给予积极的反馈和鼓励，促进他们的自主学习和思维能力的发展。

总而言之，这些新认识反映了对儿童学习和师生关系更加综合与动态的理解。教师需要根据不同类型的学习活动和情境，灵活地调整自己的角色和作用，以促进儿童的全面发展和学习成果。同时，教师应意识到师生关系是复杂而动态的，需要根据儿童的需求和学习过程中的变化，适时进行调整和指导，以支持儿童的主动学习和成长。教师的目标是建立一个支持性、富有合作和互动的学习环境，鼓励儿童的自主性和创造力，并培养他们的学习兴趣和能力，以帮助他们成为积极、独立和有创造力的学习者。

（二）学前教育的创新趋势

1. 基本理论的多样化

长期以来，我国学前教育理论一直处于机械、停滞不前的状态，并形成了苏联学前教育理论体系一统天下的局面。上课分科教学、教师灌输、学生接受等成为学前教育界的一贯模式。但是，这种单一模式是很难满足不同经济和文化发展地区对学前教育的不同要求，也不符合幼儿教育本身发展的必然规律和我国的基本国情。

随着学前教育界国际交往和自身科研水平的发展，我国学前教育逐渐繁荣并完善了自身基本理论体系，并呈现出多样化的发展趋势。在这一多样化的发展过程中，蒙台梭利和皮亚杰的教育理论以及现代开放教育思想开始成为人们普遍关注的焦点，并成为目前学前教育界的主导理论和国际交流的热点。

（1）蒙台梭利教育的再次复兴。蒙台梭利是意大利幼儿教育家。她毕生从事儿童教育事业，对幼儿教育进行了长期的实验研究，并采用实验的方法建立起了新的、合乎科学的教育学，为幼儿教育改革做出了卓越的、有深远历史影响的贡献，成为国际学前教育界一面永远高高飘扬的旗帜，影响了一代又一代的教育工作者和思想家。蒙台梭利认为要教育儿童，先要了解儿童。她认为控制儿童行为的是本能的冲动，儿童在来自先天的自发的冲动性的作用下，具有一种很强的、天赋的内在潜伏能力和继续发展的积极力量。她认为儿童的心理有这样一些特点，即具有独特的“心理（或精神）胚胎期”，具有吸收力的心理，存在发展的敏感期和不同的发展变化阶段。

（2）皮亚杰认知理论的教育实践。皮亚杰是20世纪最伟大的心理学家之一，他的认知发展理论开创了儿童心理学的新纪元。由于历史局限等原因，皮亚杰本人曾经忽视教育与学习在儿童发展中的作用。但是他的认知发展理论却在国际教育界受到广泛重视，并且对教育、教学的理论和实践产生了较为深远的影响。其中主要积极的影响是：①强调活动的重要性；②强调兴趣和需要的重要性；③强调儿童发展的连续性与阶段性的重要作用；④强调智力是一种积极、主动的建构过程。

2. 方法和手段的科学化与系统化

进入20世纪90年代，我国幼教理论工作者开始和幼教实际工作者进行广泛的合作与研究，对具体的幼儿教育方法和手段进行临床的实证研究，并促使我们的学前教育方法和手段向科学化与系统化方向发展。例如，对角色承担训练的研究，对移情训练的研究，对“社会认知冲突训练”的研究，对三种教育方式的研究和对去自我中心化训练的研究，等等。这些实验研究的结果为幼儿教师有效地运用各种具体的教育方法与手段提供了切实可靠的理论依据和翔实而切实可行的具体建议，使幼儿教育方法本身得以完善和发展，并最终得到推广和普及。

第三节 学前教育事业发展困境及如何突围

学前教育是教育体系中至关重要的一环，它为儿童的成长提供了坚实的基础。然而，学前教育事业在发展过程中面临了许多困境，需要找到解决办法，以保障儿童的全面发展。

一、学前教育事业的发展困境

第一，资金不足。学前教育事业的发展受到资金不足的限制。政府对学前教育的资金投入相对不足，导致教育资源匮乏，师资队伍不足，设施设备滞后。这使得许多学前教育机构难以提供高质量的教育服务，影响了儿童的发展质量。

第二，教育资源不均衡。在城乡之间、不同地区之间，学前教育资源分配不均衡。大城市和发达地区的学前教育资源相对充足，而农村地区和欠发达地区的学前教育资源匮乏。这导致了教育机会的不平等，儿童的教育质量受到了地域差异的影响。

第三，师资水平不高。学前教育的师资队伍相对薄弱，教育工作者的专业素养和培训不足。这会影响教育质量，儿童无法得到有效的引导和教育。教育工作者的待遇也相对较低，难以吸引和留住优秀的人才。

第四，家庭教育的挑战。家庭教育在学前教育中起着重要作用，但许多家庭缺乏教育指导和资源，无法提供良好的家庭教育环境。这会影响儿童的学习和成长，增加了学前教育的难度。

第五，教育内容和方法的问题。学前教育的内容与方法需要不断改进和更新，以适应儿童的成长和社会的发展。然而，许多学前教育机构还停留在传统的教育模式中，无法满足现代社会的需求，缺乏创新和变革的动力。

二、学前教育事业的突围路径

第一，加大政府资金投入。为了解决学前教育事业中的资金不足问题，政府应当增加对学前教育的资金投入，这包括增加教育预算，提高教育资源的配置，改善学前教育设施设备，提高教育工作者的待遇。通过增加资金投入，可以提高学前教育的质量，为儿童提供更好的教育服务。

第二，推动教育资源均衡分配。政府应当采取措施，推动学前教育资源的均衡分配，减少城乡和地区之间的教育差距。可以建立教育资源调配机制，将资源配置到需要更多支持的地区，确保每个儿童都能享受到高质量的学前教育。

第三，提高师资水平。为了提高学前教育的质量，政府和学前教育机构应当加大对师资队伍的培训和职业发展支持。可以提供专业培训课程，鼓励教育工作者不断提升自己的教育水平，吸引和留住优秀的教育人才。

第四，加强家庭教育支持。家庭教育在学前教育中起着关键作用，因此政府和学前教育机构应当加强家庭教育支持。可以提供家庭教育指导和资源，帮助家长提供良好的教育环境，与学前教育机构形成合作，共同关注儿童的成长和发展。

第五，推动教育内容和方法的创新。为了适应现代社会的需求，学前教育应当不断改进和创新教育内容和方法。可以鼓励学前教育机构开展教育研究和实践，引入新的教育理念和技术，提高教育质量，为儿童提供更全面的教育。

第六，增强社会参与和家长参与。学前教育事业的发展需要社会的广泛参与和家长的积极支持。政府和学前教育机构应当积极开展宣传和教育活动，增加社会对学前教育的了解和认可，鼓励家长积极参与孩子的教育。社会组织、志愿者和企业也可以参与学前教育，提供资源和支持，共同推动学前教育的发展。

第七，建立监管和评估机制。为了保障学前教育的质量，政府应当建立有效的监管和评估机制，加强对学前教育机构的监管和评估。通过建立标准和评价体系，推动学前教育机构提高教育质量，确保儿童的权益得到保障。

第八，国际合作与经验借鉴。学前教育是一个全球性的议题，各国都在不断探索和实践。中国可以积极参与国际合作，学习和借鉴其他国家的成功经验，推动学前教育事业的发展。与国际组织和其他国家的教育机构建立合作关系，可以帮助中国的学前教育事业更快地走上正确的轨道。

第九，推动研究和创新。学前教育是一个不断发展和演进的领域，因此需要不断进行研究和创新。政府、学前教育机构和教育研究机构应当加大对学前教育的研究力度，探索新的教育理念和方法，不断改进教育内容和教学方式，以适应社会的变化和儿童的需求。

第四节 学前教育高质量发展的域外经验借鉴

在幼儿园课程理论和实践的发展过程中，国外曾出现过多种课程模式和有特点的教育方案，为表述理论到实践的演绎或实践到理论的归纳提供了样板。尽管没有一种课程模式或教育方案能适合所有社会文化背景下的所有儿童，但这些课程模式和教育方案都明确地表述了课程和方案的编制者如何从特定的历史条件和社会背景出发，处理课程理论和实践关系的基本思路，以及如何完成从课程理论到教育实践的转化过程。

一、班克街早期儿童教育

班克街早期教育方案的理念主要源于三个方面：一是弗洛伊德及其追随者的心理动力学理论，特别是诸如安娜·弗洛伊德、埃里克森等一些将儿童发展放置于社会背景中的学者的理论；二是皮亚杰、温纳等一些研究兴趣在于儿童认知发展的理论，但这些心理学家对教育并不特别关注；三是杜威、约翰森、埃萨克斯和米切尔等一些教育理论和实践工作者的理论。

班克街早期教育方案将儿童发展归为六条原理：①发展是由简单到复杂、由单一到多元或综合的变化过程；②早期获得的经验不会消失，而会被整合到以后的系统中去；③教育者的任务是要在帮助儿童巩固新知识和提供有益于发展的挑战之间取得平衡；④在成长的过程中，儿童逐渐以越来越多的方式主动地探索世界；⑤儿童的自我感觉是建立在与他人和与物体交互作用所获取的经验的基础之上的，而知识是在交互作用过程中反复地感知和自我监察而形成的；⑥冲突对于发展来说是不可缺少的，冲突解决的方式取决于儿童生活和社会文化要求等诸多有意义的因素之间相互作用的性质。

运用班克街“发展—互动”模式的教师必须遵从和完成教育主管部门颁

布的教育测试和评估。此外，评价需要严格地和系统地依据对儿童活动行为的观察和记录，包括教师对儿童表现的观察、儿童活动的档案袋、教师为年龄较大的儿童设计的技能检测表等所反映的儿童学习质量。分析和总结这些资料，能使教师理解每个儿童的特点和需要，能给教师与家长沟通以及确定下一步计划奠定基础。

“班克街早期教育方案强调让儿童进行有意义的学习，使他们感受到自己的能力；强调帮助儿童理解对他们成长而言是最为重要的事物，而不是与学习成绩有关的东西。”[①] 这一方案以儿童为中心，关注儿童兴趣和需要的满足，鼓励儿童主动地活动。虽然班克街早期教育方案可追溯到进步主义教育运动，但是该方案主要依据的是儿童发展理论，从儿童发展的一般规律去思考和发展课程，而较少顾及儿童生活所处的文化背景。这种教育方案所指向的教育改革为的是让儿童在早期实现社会化，以克服来自家庭和社会经验的不良因素。这样做，儿童不得不放弃自己的语言和文化，去获得所谓主流文化的东西。

二、蒙台梭利课程模式

蒙台梭利的教育思想与她的儿童发展观是紧密联系在一起的，一方面，蒙台梭利十分重视遗传素质和内在的生命力；另一方面，蒙台梭利也相信环境对儿童的发展能起到举足轻重的作用。蒙台梭利认为，生命力不仅通过自发活动呈现和发展，还表现出不同感官的敏感期，每个儿童都有不同的发展规律，教育必须与敏感期相符合，应以不同的教育去适应不同的节奏，即要实施个别化教学，让儿童根据自己的需要进行活动，因此，儿童的自由成了教育的关键。总而言之，“自发活动和个体自由”是蒙台梭利教育体系的基本因素。

在蒙台梭利课程模式中，教育内容由四个方面组成：日常生活练习、感官训练、肌肉训练和初步知识的学习。教师通过创设环境、提供蒙台梭利教具、对儿童进行观察和引导等方法，对儿童实施教育。

日常生活练习旨在培养儿童的独立自主能力和精神，学习实际生活的技

① 苏媛媛．学前教育发展前沿与趋势：幼儿园课程构建的理论与实践［M］．长春：东北师范大学出版社，2015：31.

能，并促进儿童注意力、理解力、协调力、意志力的发展以及良好的生活习惯的养成。

感官训练是蒙台梭利教学法的主要特点，旨在通过视、听、触、味、嗅等感官的训练，增进儿童的经验，让儿童在考察、辨别、比较和判断的过程中提高自己的能力。

蒙台梭利将肌肉训练看作有助于儿童的发育和健康，有助于儿童动作的灵活和协调，也有助于儿童意志的锻炼和合作精神培养的活动。蒙台梭利设计了专门的器具，如攀登架、绳梯、跳板、摇椅等，用作对儿童进行肌肉训练。

初步知识的学习包括蒙台梭利认为儿童可以学会的阅读、书写和算术方面的知识。

在蒙台梭利学校中，教师扮演的角色是观察者，并为儿童提供榜样示范。蒙台梭利把教师称作为“指导员”。蒙台梭利相信，教师要成为真正的教育工作者，就应该学习和研究一本书，这本书就是对儿童从最初不协调的活动到自发、协调的活动的观察。蒙台梭利是真正以优秀教师而闻名的教育家之一。蒙台梭利课程模式的优点可以粗略地归纳为对儿童的爱、信任和尊重，细致而耐心地观察，及时地指导。

第二章　学前教育高质量发展的内涵要义及价值意蕴

随着社会经济的快速发展，人们对学前教育的期望和需求不断提高，厘清学前教育高质量发展的内涵要义、明确学前教育高质量发展的价值意蕴成为共同的目标。基于此，本章主要探讨学前教育高质量发展的内涵向度、学期教育高质量发展的价值诉求、学前教育高质量发展的路径取向。

第一节 学前教育高质量发展的内涵向度

“学前教育高质量发展是新时代教育高质量发展的政策导向与基本要求”[①]，也是顺应“幼有所育”学前发展要求和落实立德树人根本任务的必由之路，意指学前教育的发展理念、发展目标、发展动力机制等都呈现出“高质量”的发展特征；学前教育高质量发展的核心要义在于高质量学前教育是旨在以“幼儿为本、提高教师队伍质量、重视教育资源均衡供给、注重保教质量”的教育。高质量的学前教育，应以推动学前教育的质量提升与特色发展为核心内涵，构建覆盖面广、基础性强、系统协调的学前教育公共服务体系，从而为公众的学前教育资源多样化需求，提供不同类型的优质供给模式。学前教育高质量发展的战略转型，主要呈现出以下方面的内涵向度。

① 吴晓英，王启雨．学前教育高质量发展：价值意蕴、现实境遇与推进策略［J］．贵州师范学院学报，2023，39（1）：10.

一、从规模数量型外延式发展转向质量型内涵式发展

“外延式发展”主要依靠政府与社会资本的大规模资源投入，以规模扩大、数量增加为特点。“内涵式发展”则以质量提升为发展目标，着眼于协调各要素的配置效率，注重体制机制的创新与人才培养质量标准的提高。“学前教育内涵式发展，更多地突出结构性质量等核心指标，从实践层面探索发展内容与发展路径。”① 学前教育的结构、质量是衡量学前教育机构的基本质量指标，反映一个国家或地区对学前教育机构的基本质量要求，一个国家或地区的幼儿园办学质量可以通过结构性质量指标的要素进行监测。目前，幼儿教师的数量呈不断增加的趋势，学前教育毕业生占幼儿园专任教师的比重不断提高。然而，公立幼儿园和普惠性私立幼儿园的教师，仍存在非在编教师占比过高、职业认同感差、流动性大等问题。学前教育的结构性质量，如师幼比、班额大小、生均活动场地面积、生均玩具和图书、生均大型体育设备、生均生活设施等，与世界学前教育强国相比仍存在较大差距。当前，学前教育仍然是我国整个教育体系中的薄弱环节，发展不平衡、不充分的问题依然存在，普惠性资源不足，监管的体制机制不完善，部分民办私立幼儿园过度牟利的问题依然突出。这些问题直接关系到学前教育的发展质量，制约着学前教育的长期可持续发展水平。平衡学前教育发展中“量”与“质”的关系，由“单一地增长”转向“更多地重质量”，已成为学前教育高质量发展需关注的重要问题。

二、由发展的不均衡不充分转向实现效率公平并重

公平视域下的学前教育高质量发展，作为促进学前教育改革与发展的一种教育价值观，应遵循“应有”的原则，并实现“均衡”的关系。学前教育作为公共服务的重要组成部分，普及与平等应成为其高质量发展的应有之义。学前教育发展的“不平衡”问题，主要集中于结构性问题上，即城乡发展不平衡和教育结构发展不平衡；在发展的“不充分”问题上，西部部分地区的学前教育资源出现较大缺口，而东部沿海地区的学前教育资源却明显出现“供给过剩”的现象。其中，优质学前教育资源的紧缺、教育经费分配不平衡、

① 何晶，贾志国．学前教育高质量发展：价值诉求、内涵向度、实践理路［J］．阿坝师范学院学报，2023，40（3）：90.

教师管理不科学等问题，是造成学前教育资源配置与流动不均衡的重要原因。随着基础教育受到国家的重视，我国学前教育的规模与数量有了很大的提高，然而学前教育发展的总体布局仍有待优化，资源配置仍不均衡不充分，城乡教育一体化的布局尚未形成，区域幼儿园间的联动机制尚未建立。实现发展的不均衡向效率公平的转向，不仅是教育的原初意旨，也是学前教育高质量发展的基本原则与动力。

三、由单一性发展模式转向多元特色发展事态

推进各级各类学前教育园所机构的健康有序发展，实现多元化服务供给是学前教育高质量发展的必然趋势。优质的教育品牌具有无形的资产价值，特色教育品牌是彰显幼儿园文化软实力的标签，体现着幼儿园的保育与教育的质量。当前全国范围内具有较高市场影响力和集中度的幼儿园品牌的数量，仍旧相对较少。针对学前教育出现的“过分同质化”问题，应树立多元化的学前教育质量观，坚持分级、分类发展，更好地满足公众多样化的需求。多元化发展是教育发展的必然趋势，反映在高质量的学前教育发展进程中，更应突出托幼园所自身的特色。各类园所应形成合理的比例关系，城乡幼儿园在质量发展的方向和质量建设的过程中应存在差异，公办幼儿园、民办幼儿园、普惠性幼儿园要各具特色，实现学前教育整体性多元化发展，真正实现学前教育多层次、高质量的发展布局。根据服务区域和公众的多样化需求，不同地区的幼儿园要考虑不同地区的经济社会条件，突出不同层次、不同类型幼儿园之间发展的个性差异，共同实现学前教育高质量发展。

第二节 学前教育高质量发展的价值诉求

伴随教育发展战略定位的转型，学前教育内涵式发展的主题逐渐凸显，以质量提升为发展目标，着力发挥学前教育各因素的优化配置，确保学前教育高质量发展。

一、学前教育高质量发展是实现学前教育内涵式稳定发展的要求

由以外延式发展为主的跨越式发展转向以内涵式发展为主的稳定发展阶段，实现学前教育高质量发展，具有客观的必然性。改革开放40多年来，我国学前教育经历了快速发展期、社会变革曲折发展期、深化改革社会化发展期、调整完善可持续发展期等阶段。在此过程中，学前教育的性质定位、发展方向逐渐得以明确，规模数量也在不断扩大，但仍面临学前教育质量总体偏低、学前教师队伍建设有待加强等挑战。当前，学前教育正处于内涵式稳定发展的起步阶段，学前教育高质量发展在促进自身稳定式建设方面，具有重要意义。目前，我国学前教育机构数量规模快速扩充，“外延式发展”的特征得以充分彰显，我们需要继续提高学前教育的公益性与普惠性。因此，唯有突破学前教育发展的内外机制与制度壁垒，增强学前教育的创新活力与实践能力，才能实现学前教育高质量发展。

二、学前教育高质量发展是实现教育公平的功能性要求

均衡发展是新时代学前教育改革和高质量发展的重要内涵与基本要求，合理配置教育资源是实现学前教育高质量均衡发展的基本内容。首先，教育公平作为教育政策体系的基本目标，是教育改革与发展的重要课题，是提高教育质量的基本前提，学前教育高质量均衡发展更应注重优质教育资源的公平有效分配。学前教育的公平性，主要体现在学前儿童享有同等的公共教育资源以及相同的实现学业成就的权利，并实现学前教育资源向边远地区及弱势群体倾斜。因此，分析我国当前学前教育区域资源配置失衡的问题，探讨促进学前教育公平的途径及对策，对发展高质量学前教育具有积极意义。

三、学前教育高质量发展是由教育大国到教育强国转向的战略性要求

“外延式发展”促进了我国学前教育体量的快速增长，学前教育的规模得到极大增长，推动我国进入学前教育大国的行列。然而，目前学前教育的规模质量不成正比，学前教育的质量、发展水平与世界学前教育强国还有较大的差距。当前，我国社会经济水平在不断提高，中高端学前教育市场呈现

繁荣的趋势，但农村地区的幼儿园却难以维持，贫困地区儿童入园困难的现象依然存在。而大部分非户籍流动儿童进入城市公立园，需缴纳相应时长的社保，加之积分入公立园等条件限制，与户籍儿童相比，非户籍流动儿童进入公立园的难度更大。另外，普通家庭难以负担高端私立幼儿园的过高收费，因此，出现诸多私立幼儿园的生源下降，面临转型的困难，托育机构依然处于起步阶段等现状。当前学前教育的这些发展中出现的问题，不利于我国教育强国的建立。

四、学前教育高质量发展是实现人民对美好生活追求的目标性要求

发展高水平、优质的幼儿教育机构集聚区，往往具有较强的吸引力和驱动力，进而出现促进居民就业与推动经济快速发展的良好局面。新时代人民对美好生活的需求，也体现在人们对优质学前教育资源的渴求方面，而公众对高质量学前教育的需求，突出表现为“入好园”。为广大人民群众提供普惠优质的学前教育资源，是满足人民对优质学前教育需求的重中之重。公众更加重视幼儿园教育的质量，但公众对优质学前教育资源的强烈需求仍未得到充分满足。同时，我国学前教育发展迅速，规模较大，但地区间、城乡间学前教育发展不平衡的问题依然突出，托幼园所数量增加，农村幼儿园的生源虽逐年提高，但农村的学前教育资源仍然比较稀缺，且该现象有不断加剧的趋势。因此，促进学前教育高质量发展，提升幼儿园的综合实力，突出幼儿园的办园特色，增加幼儿的入园机会，才能更好地满足公众对学前教育的多样化需求。

第三节　学前教育高质量发展的路径取向

新时代新征程，在高质量发展背景下，我国学前教育事业的发展既要包含“量”的稳步推进，更要依赖“质”的有效提升，这不仅仅关系到学前教育系统各要素投入和产出的均衡匹配，更与学前教育服务力、竞争力与核心

实力的提升密切相关。要促进我国学前教育事业高质量发展，必须找准科学的路径取向。

一、机制完善——保障普及普惠的学前教育事业高质量发展

在高质量发展背景下，制约我国学前教育事业发展的内外部局势发生了重大变化。为了有效应对各种挑战，突破体制机制障碍、完善机制体制建设就成为普及普惠高质量学前教育事业发展的重要保障。

第一，高质量学前教育事业发展须强化政府职能，多主体共同参与。学前教育发展是政府、幼儿园、家庭和社会的共同责任。长期以来，由于学前教育整体发展水平及其他因素的限制，教育各主要利益相关者之间的衔接共治问题没有得到充分重视，导致家、园、社协同不力，幼小衔接不畅等问题频发。“要建设高质量学前教育体系，必须凝聚多主体高质量体系建设共识，群策群力，同频共振。”[①]一方面，以高质量发展为导向，引导政府、幼儿园、家庭和社会等多元主体在学前教育质量方面达成一致观念与目标。各主体除了应明确自身在体系中的职责与义务外，还要引导其他主体主动参与协同治理，形成自组织内生动力；另一方面，通过平台建设、制度支持等提供多主体对话的机会，激励全员参与体系建设的系统工程，保障多主体的共同利益，促进整体效能最大化、最优化，让全体人民共享教育体系优化的成果。

第二，高质量学前教育事业发展需系统化建设，整体推进。体系建设不是平均发力，不是原体系的“加强版”，而是一种结构性的调整甚至重建。学前教育体系结构复杂，各教育要素相互联系、相互制约。根据系统理论，系统要素、子系统之间的正向联系可以转化为系统存在的内在依据与系统演化的根本动力。因此，构建高质量学前教育体系就要统筹高质量体系建设资源配置，推进系统各要素有序发展。同时，要注意高质量学前教育体系建设不是平均发力，不是在原体系基础上进行的简单叠加，而应是一种结构性的调整甚至体系重建。因此，在体系建设的实践推进过程中，要明确高质量体系建设问题清单，对现有教育体系进行系统梳理和问题排查，厘清问题轻重、先后的次序，对存在的问题作出综合诊断。

① 侯莉敏，刘倩．我国学前教育事业实现高质量发展的时代价值与路径取向［J］．学前教育研究，2023（6）：5.

第三，高质量学前教育事业发展需动态调整，回应现实需求。建设高质量学前教育体系的过程就是不断优化教育体系的过程，对人民群众现实需求的积极回应和高度关切是教育高质量发展的核心要义。一方面，要敢于机制创新，实现高质量学前教育体系的迭代更新和功能优化升级，促进学前教育自身的可持续发展，提高学前教育的竞争力和服务力；另一方面，要处理好继承与创新的关系。在高质量发展的背景下，学前教育机制体制须通过改革创新回应新时代发展诉求。因此，需要总结实践经验，以创新思维改良固有的做法，从政策机制、管理机制、课程建设机制、评价机制等创新着手，对高质量学前教育体系进行系统重构和完善建设。

二、抓住关键——为幼儿园的教师队伍建设提供支持性环境

师资作为构成学前教育质量的核心要素，是学前教育“专业质量”的决定因素之一。因此，幼儿园师资直接影响着学前教育质量的水平和儿童发展的结果。因此，构建促进教师专业发展的支持性环境，加快建设一支结构稳定、专业素养高、有幸福感的幼儿园教师队伍是我国学前教育高质量发展的内在保障。

第一，应建设幼儿园教师专业发展的支持性环境，以保障教师的合法权益。研究表明，幼儿园教师的合法权益能否得到保障是影响教师专业发展和教师队伍稳定的最重要、最根本的因素。因此，一方面要通过健全幼儿园教师保障制度、加速学前教育立法，切实提高幼儿园教师的地位和待遇，保障其职业权益；另一方面，要通过建立幼儿园教师队伍建设经费长效投入机制、设立专项教师专业发展基金及制定专项经费使用督导与监管制度等途径，整体优化幼儿园教师专业发展投入机制。

第二，幼儿园教师专业发展的支持性环境应是全程性环境。全程性支持环境指幼儿园教师专业发展应职前职后贯通，贯穿教师整个职业生涯。因此，需要在教师职前培养、入职教育、职后发展环节协同用力。在职前阶段，提升幼儿园教师专业能力应从师范生开始，以师范生培养质量和水平为基准保底。在入职阶段，应不断完善幼儿园教师入职标准体系，通过优化教师入职筛选制度，加强入职教育的甄别功能，坚决抵制不合格教师流入幼儿园。在职后阶段，应建立满足各类需求的、精准化的幼儿园教师培训体系。学前教

育机构应准确把握在职教师的专业发展水平，甄别优势与不足，通过实施精准化培训，增强培训的针对性和实效性，着力提高职后教师培训质量。此外，还应构建幼儿园教师发展共同体、联合学习小组，以平等、创新、个性、多元的发展理念，以活动式、合作式、反思式学习等实践活动，构建教师间的平等对话，激发教师共同发展的活力。

第三，幼儿园教师专业发展的支持性环境应是全方位环境。支持性环境包括物理环境和社会环境，具体可以从功能环境、人文环境、自然环境与制度环境四个方面进行构建。支持性功能环境创设，要求幼儿园及相关部门了解幼儿园教师专业发展的个性化需求，以此为出发点灵活配置相应功能与服务，满足幼儿园教师的发展诉求。支持性人文环境创设就是要挖掘与彰显幼儿园文化特色、精神风貌，构建公平、积极、和谐的专业成长氛围，增强幼儿园教师的职业归属感与认同感。支持性自然环境创设就是要保护与利用幼儿园及周边的自然资源，使教师身处自然与人文和谐共生的工作环境中。支持性制度环境创设要求相关部门完善幼儿园教师专业发展管理体系，如职称评定、培训进修、福利待遇等，为营造积极向上的职业发展环境提供制度保障。

三、供需贯通——着力实现学前教育资源供给侧结构性改革

高质量学前教育体系是公平、均衡的教育体系，必须从资源配置出发，通过供给侧结构性改革实现供需贯通。

第一，应优化供给侧结构性改革路径。要实现学前教育资源供给侧结构性改革目标，就必须对供给侧结构性改革的路径进行优化。为了实现这一目标，学前教育供给侧结构性改革应从学前教育不公平的现实与发展的实际需求出发，通过调整和优化整体教育资源配置，不断改善和扩大优质教育资源的供给，循序渐进地调整供需关系。同时，为实现学前教育高质量发展，供给侧结构性改革路径的选择要基于可持续的原则，处理好短期目标与长期目标的关系，确保资源投入效率和良性循环。此外，优化供给侧结构性改革路径，不仅要在供给侧发力，还要抓好需求侧，做好需求侧的配套管理。

第二，应多途径扩大教育资源供给。学前教育要实现高质量发展，资源是基础也是关键。面对学前教育发展的不断复杂化，中央资金与政府财力难免有顾及不到的地方。因此，可以考虑让家庭自愿、适度分担学前教育质量

提升成本或规范引入社会资本以提升教育效益。

第三，应继续优化学前教育投入保障长效机制。近年来，中央和地方政府通过将学前教育单独列入预算、规定财政性学前教育经费占比等多项制度手段，确保了学前教育财政投入水平持久高位运行。未来我国学前教育的高质量发展必然面临更复杂的社会变量，为实现学前教育的可持续发展，还需要未雨绸缪，继续优化学前教育投入保障长效机制。尽快将普惠性学前教育纳入基本公共服务体系就是保障学前教育体系有稳定资源支撑的重要路径。为实现学前教育资源供给从“有”到“优”的提升，财政部门要转变资源配置逻辑，精准施策补齐短板，满足不同地域、不同层次幼儿园的实际需要，使区域、城乡、园际间的供需达成相对均衡，资源配置体现积极差异，同时要妥善处理公办与民办学前教育机构之间的关系，通过制度规范与监督，确保不同类型的教育良性互动，共同满足公众对多样化教育的需求。此外，应借力乡村振兴战略和新型城乡关系构建的契机，实现区域间、城乡间、园际间信息分享和资源传递，实现资源有效流动，逐步缩小差距，推进学前教育协调均衡发展。

四、评价引领——完善幼儿园保育教育质量评估与监测途径

近年来，随着一系列政策措施的出台，幼儿园教育质量评估改革不断深化，学前教育质量监测相关制度亦日趋完善。在高质量发展背景下，幼儿园保育教育质量监测与评价机制仍要不断创新，才能发挥其生命活力，为学前教育事业高质量发展保驾护航。

第一，应坚持幼儿园保育教育质量评估的科学导向。教育质量评估是保障和提升幼儿园保育教育质量的重要措施，保育教育质量评估标准就是幼儿园教育实践努力的方向，因此新时代创新幼儿园保育教育质量监测与评价机制，仍要坚持评价的科学导向。一方面，幼儿园保育教育质量监测与评价要秉持“评估为幼儿园保育教育服务”的思想，以评促建、以评提质，评估与保教交融并进、和谐共生，真正发挥评估的引导、诊断、改进和激励功能；另一方面，幼儿园保育教育质量监测与评价应坚持以儿童为本，强调儿童发展的整体性和连续性，关注幼儿园保育教育过程质量。

第二，应建立质量数据采集与持续监测的工作机制。长期以来，我国学

前教育质量评价以借鉴使用国外评价工具为主，难以兼顾学前教育发展的地区、水平及文化差异，因此还需要进一步开发本土化、可操作化的评价工具，以保障我国学前教育质量监测的科学实施和有效开展。在评价的基础上搭建全国性的、专业化的学前教育质量数据库非常必要。通过建立数据库管理制度，规范数据库资源合法使用，灵活设置数据资源互通共享平台，可以为专业人员开展科学研究、政策制定提供及时可靠的事实依据。此外，要建立健全幼儿园保育教育质量监测制度，完善质量动态监测与反馈改进机制，以保障质量监测工作的顺利展开。

第三，应完善幼儿园教育质量评估机制与结果应用机制。当前我国学前教育质量评估机制相对稳定、完善。在此基础上，还应通过加大评估中过程要素的比重、机构自评和教育职能部门他评相结合、加强质量督导和动态监管、评估结果与资源分配及经费补贴挂钩等措施，激励幼儿园提升教育质量的自主性，达到以评提质的目的。除此之外，通过将评估问责与发展支持相结合等手段，不断创新幼儿园教育质量评估结果应用机制，还可以增强评估的适宜性和解释性，从而最大限度地发挥评估监测的教育提质功能。

第三章　学前教育高质量发展的宏观政策发展

在学前教育高质量发展中，宏观政策的重要性不可忽视，政府应加强对学前教育的规划和管理，制定和实施科学、合理、公平、普惠的政策，为学前教育的高质量发展提供保障和支持。基于此，本章主要探讨学前教育高质量发展的制度分析、学前教育高质量发展的财政支持、学前教育高质量发展的法律保障。

第一节 学前教育高质量发展的制度分析

学前教育的高质量发展需要建立一系列制度来支持和保障其质量和可持续性发展。有助于学前教育高质量发展的制度具体如下。

第一，法律法规和政策：制定明确的法律法规和政策，规范学前教育的运行和管理，包括安全标准、师资培训、课程质量等方面的规定。

第二，财政支持：提供足够的财政支持，确保学前教育机构能够提供高质量的服务，包括资金用于设施建设、师资培训和教育资源采购。

第三，师资培训：建立师资培训体系，确保学前教育教师具备必要的教育背景和专业知识，同时提供终身学习机会，以不断提高教师的素质和专业水平。

第四，教育标准和评估：制定学前教育的教育标准，以确保课程内容和教学质量的一致性。建立评估机制，对学前教育机构的质量进行监测和评估。

第五，安全和卫生制度：确保学前教育机构的安全和卫生标准得到严格遵守，包括设施安全、食品安全和疫病防控等方面的制度。

第六，家长参与和支持：鼓励家长积极参与孩子的学前教育，建立家庭与学前教育机构的紧密合作机制，提供家庭教育支持。

第七，数据收集和监测：建立数据收集和监测系统，以跟踪学前教育的发展趋势和质量，为政策制定提供依据。

第八，多元化的教育模式：支持不同类型的学前教育机构，包括公立、私立、非营利性和营利性机构，以满足家庭的多样化需求。

第九，研究和创新：鼓励学前教育领域的研究和创新，以推动教育方法和教材的不断改进。

第十，社会参与和社区合作：鼓励社会机构和社区参与学前教育，提供资源和支持，以拓宽学前教育的渠道和资源。

以上这些制度可以协同实施，以确保学前教育的高质量发展，满足儿童的成长需求，提供均等的教育机会，为他们的未来发展奠定坚实的基础。这需要政府、学前教育机构、教育工作者、家长以及社会各界的共同努力来实施和维护这些制度。

第二节 学前教育高质量发展的财政支持

学前教育的高质量发展是一个受到广泛关注的问题，因为它直接关系到学生的未来、社会的发展，以及国家的竞争力。“学前教育是国民教育体系的重要组成部分，学前教育财政投入是实现学前教育培养目标、促进学前教育事业发展的有力保障。”①

一、政府拨款

政府拨款是确保学前教育高质量发展的重要环节。政府应当增加对学前教育的财政拨款，以确保学前教育机构能够提供高质量的教育和服务，这些拨款可以用于多个方面，包括建设和改善学前教育设施、提高教育工作者的工资水平、提供教材和教具，以及培训教育工作者。首先，建设和改善学前

① 李卓豫．我国学前教育财政投入的法律保障探析［J］．现代交际，2020（10）：17.

教育设施是关键，因为良好的教育环境可以给孩子们提供所需的学习和发展空间。政府的资金支持可以用于建设新的学前教育中心，改善现有设施的条件，如提供更多的游戏区域、图书馆、教室和操场等。其次，提高教育工作者的工资水平也是重要的，因为这可以吸引更多的有才华的人加入学前教育行业，提高整体教育质量。政府拨款还可以用于购买高质量的教材和教具，以确保孩子们能够获得最新的教育资源。最后，政府可以提供培训计划，以提高教育工作者的专业水平，使他们更好地满足孩子们的需求。

二、补贴计划

政府可以实施补贴计划，以降低家庭的经济负担，使更多的孩子能够获得高质量的学前教育，这种方式有助于减少社会不平等，提高学前教育的普及率。通过提供部分或全部学前教育费用的补贴，政府可以帮助那些经济困难的家庭，使他们能够负担得起高质量的学前教育费用。这可以通过所得水平的纳税抵免或家庭状况的优惠来实现。补贴计划的实施可以确保学前教育不再是富裕家庭的特权，而是每个孩子的权利。

三、公私合作

公私合作[①]是一种有效的财政支持方式，可以促进学前教育的高质量发展。政府可以与私营部门合作，共同提供学前教育服务。这种合作可以通过提供税收激励措施来鼓励私人企业投资学前教育，同时确保质量标准得到满足。私人企业可以建立和经营学前教育中心，提供高质量的教育和服务，而政府可以提供激励措施，例如，减税或补贴，以吸引私人企业投资。这种合作可以扩大学前教育的供给，同时确保质量不受损害。

四、研究和监管

研究和监管是确保学前教育高质量发展的关键因素。政府可以投资于学前教育领域的研究，以了解最佳实践和教育方法。通过研究，政府可以提供

① 公私合作（public-private-partnerships，PPP），即公共部门与民营企业在某些公用事业项目的建设或运营中进行相互合作的一种模式，在该模式中，双方发挥各自的优势来提供公共服务，共担融资风险和责任、共享收益。具体合作形式包括合同承包、租赁、对已有设施的运营维护协议以及 BOT（建设—经营—移交）等。

给教育工作者和学前教育机构更多的教育资源，以不断改进他们的教学方法。此外，监管机构应确保学前教育机构遵守相关法规和质量标准，以维护高质量的教育。监管应确保为学前教育机构提供安全和有质量的环境，同时保护家长和孩子的权益。通过研究和监管，政府可以不断提高学前教育的质量和可及性。

五、教育补贴

政府可以制定政策，鼓励家庭提前储蓄以支付孩子的学前教育费用。例如，设立教育储蓄账户，并提供税收优惠或其他激励措施。这种政策可以鼓励家庭为孩子的未来教育储蓄，确保他们能够获得高质量的学前教育。家庭可以通过设立教育储蓄账户来积累资金，政府可以提供税收优惠或匹配捐赠，以帮助家庭储蓄更合理地用于教育。

第三节 学前教育高质量发展的法律保障

学前教育是儿童成长过程中至关重要的一部分，它不仅对孩子的智力和社会发展有深远的影响，还对整个社会的未来产生积极的影响。为了确保学前教育的高质量发展，需要有法律作为保障，以便保障幼儿得到适当的关爱和教育。这些法律法规应该涵盖多个方面，以确保学前教育机构的安全、教育质量和管理规范。

第一，法律法规的制定。学前教育的高质量发展需要明确的法律框架来规范其内容、标准和管理机制，这一法律框架应该由国家和地方政府共同制定和颁布。这些法规应确保学前教育机构提供的服务符合国家和地方政府设定的标准，包括教育内容、安全标准和管理要求。这将有助于确保学前教育的一致性和高质量。

第二，幼儿园规范。学前教育机构需要遵守相关法律法规，包括办学许可、教育教学质量标准、师资力量要求等。政府部门应对学前教育机构进行监督和评估，以确保其达到法定标准。这种监督和评估应该是定期的，以确保学前教育机构不仅在开办初期达到标准，而且在日常运营中也一直保持高质量。

第三，师资要求。学前教育的高质量离不开优秀的教师。因此，法律应规定学前教育教师的资质要求，包括教育背景、培训要求和职业道德。这些要求有助于提高教师的专业素养，从而提供更好的教育质量。此外，法律还可以鼓励学前教育机构为教师提供继续教育和专业发展的机会，以不断提高他们的教育水平和教学技能。

第四，安全规定。幼儿在学前教育机构里度过大部分时间，因此他们的安全和健康至关重要。法律法规应规定学前教育机构的安全标准，包括建筑安全、儿童保护和卫生条件等。这些规定应确保学前教育机构提供的环境对儿童的生命安全和身体健康没有任何威胁。

第五，财政支持。政府可以通过财政支持来促进学前教育的高质量发展。这可以包括提供经费、设施建设和教育资源，以确保学前教育机构能够提供高质量的教育服务。财政支持可以帮助降低学前教育的费用，使更多的家庭能够承受得起高质量的学前教育服务，从而促进社会的公平与包容。

第六，家长参与。家长是儿童成长过程中的重要伙伴。法律也可以鼓励家长参与学前教育。例如，通过家长委员会的设立或者提供信息和资源以帮助家长更好地支持他们的孩子。家长的积极参与不仅有助于孩子的教育，还可以促进学前教育机构和家庭之间的紧密合作，形成更好的育儿共同体。

第七，监督与评估。法律应规定学前教育机构的监督与评估机制，确保它们按照法定标准提供服务。这可以包括定期的检查和评估，以确保质量不断改进。监督与评估应该是透明的，以确保学前教育机构对其绩效负有责任，同时向家长和社会公众公开展示他们的表现。

以上这些法律保障的要点共同构成了一个全面的法律框架，确保了学前教育的高质量发展。这个框架为政府、学前教育机构和家长提供了清晰的指导，以确保儿童能够在安全、高质量的环境中接受教育。只有在这种共同努力的基础上，学前教育才能够为儿童的全面发展和未来成功提供坚实的基础。政府、学前教育机构和家长都需要共同合作，以确保这些法律法规得到切实执行，从而为儿童创造一个良好的学前教育环境。

第四章　学前课程与教学：学前教育高质量发展的关键要素

学前教育在培养幼儿全面发展、建立积极学习态度和培养社交能力方面具有不可替代的作用。学前课程与教学作为学前教育中的核心要素，直接关系到学前教育的质量和效果。高质量的学前课程和教学不仅仅是简单的知识传递，更应该注重培养幼儿的创造力、思维能力和社交技能。基于此，本章主要探讨学前教育理念与学前课程发展、学前课程内容与教学方法创新、多主体协同下的学前课程实施、技术赋能时代的学前课程评价。

第一节 学前教育理念与学前课程发展

一、学前教育理念

第一，整体发展：学前教育强调儿童的整体发展，包括身体、智力、情感、社交和语言等方面。这种理念认为儿童在这个阶段需要获得全面的经验，而不仅仅是学术知识。

第二，以儿童为中心：学前教育强调以儿童为中心，尊重和理解每个孩子的个体差异。这意味着教育者需要了解每个孩子的兴趣、需求和发展水平，以便提供个性化的支持。

第三，通过游戏学习：游戏被视为儿童学习的一种重要方式。学前教育注重通过有趣的游戏和活动来促进儿童的认知、语言和社交发展，同时激发他们对学习的兴趣。

第四，社会情感发展：学前教育重视培养儿童的社会情感能力，包括合作、分享、尊重他人等。这有助于建立积极的人际关系，为将来的学习和生活奠定基础。

第五，家庭与学校合作：学前教育强调教育者与家庭之间的紧密合作。认识到儿童的学习和发展是一个整体性的过程，需要学校和家庭共同努力。

第六，情感安全：学前教育注重为儿童提供安全、温馨的学习环境，以促进他们的情感安全感。只有在这种环境中，儿童才能更好地探索和学习。

第七，早期干预：对于有特殊需求或面临学习困难的儿童，学前教育强调早期干预的重要性，以便及时提供支持，帮助他们克服障碍。

总体而言，学前教育理念强调儿童是学习的主体，通过富有启发性的活动和关怀有助于塑造他们积极的学习态度、健康的人际关系和全面的发展。这些理念对于建立坚实的学习基础和培养终身学习者都具有重要意义。

二、学前课程的发展

（一）学前课程结构的发展

课程结构是课程模式的主体构成部分，是课程模式落实到实践中的中介和桥梁。课程模式的多元化现实地表现为课程结构的多元化，即课程结构包含的课程类型及其组合方式的多样化。课程结构的多元化是我国学前教育课程建设朝着本土化和园本化方向积极发展的结果，而且多种课程类型的共存可以实现各种课程类型的优势互补。

学前教育课程结构的优化应该以比较完善的综合课程为主，辅之以活动课程，并要关注隐性课程的构建，这三种课程类型有机结合，并合理地纳入当前我国幼儿园普遍开设的三个课程种类中，形成一个协调的整体。总而言之，综合课程、活动课程、隐性课程是较为符合儿童身心发展特点的课程类型。

1. 综合课程

幼儿教育主要是启蒙教育，启蒙教育要求以开发幼儿智力为主，幼儿在这一阶段所学习的主要是周围生活中的粗浅的知识、技能。因此，分科课程并不是适合学前教育的课程类型，再加上儿童的学习和发展具有整体性的特点，因此，幼儿园应以综合课程为主。幼儿园综合课程的构建需要做以下的完善：首先，扩大中心主题或问题选择的范围，关注学科、社会和儿童三个方面。对于儿童而言，可能更为重要的是社会和儿童两个方面，而不是学科知识。其次，主题展开试着从儿童自身体验的维度展开。只有从儿童自身体验的维度展开主题，整个主题的每个部分才是真正联系在一起的。

2. 活动课程

“活动课程是依据儿童的经验或团体生活而统整起来的课程，它最大的特征就在于主张儿童通过探究、交往、体验、反思等学习方式自主学习，它在发挥学生的主体性、培养学生的能力方面具有学科课程无法比拟的长处。”① 活动课程的构建可以从两个方面探讨：首先，幼儿园将区域活动正式纳入课程结构中。保证每日区域活动的时间和连续性，尊重儿童在区域活动中的自主性，注意儿童在区域活动中经验的整合与提升，使区域活动真正成为活动课程。其次，幼儿园特色课程的创设应该逐渐转向活动课程。目前一些幼儿园已经开始关注这方面课程的设置，主要表现为家园社区合作所举办的一些定期的主题活动。

3. 隐性课程

相比于其他教育阶段，学前教育课程应该更加注重隐性课程的构建。基于学前儿童特有的身心特点，隐性课程的影响力不可估量。幼儿园完整的隐性课程的构建需要关注三个方面：物质环境、心理环境和制度文化。这里重点探讨心理环境的创设，因为心理环境与儿童的身心发展是最为直接相关的，但同时也是最容易被幼儿园忽视的。心理环境又更为具体地表现为班级心理环境，幼儿教师一定要注意为幼儿创设良好的、温馨的、安全的心理环境，以促进幼儿的健康成长。

（二）学前课程的创生发展

学前课程创生的概念界定和特征定位对整个学前课程创生的理论体系的建构就成为重要的立论基础了。通常人们对课程的理解会直接影响到他们的课程观和课程设计与实施。

在课程实践中，人们具有怎样的课程观就会开发和实施怎样的课程。以上不同的课程定义实际上反映了各种不同的课程本质观，同时反映人们对儿童、学校、教育、知识以及对社会的观点及其发展变化。从课程的“科目说”

① 张娜．学前教育课程模式设计研究［D］．武汉：华中师范大学，2013：118.

到课程的“活动说”，再到课程的“经验说”，反映出人们对儿童个体经验基础和经验发展这个课程本源的关注。

课程创生是建立在“课程的经验观”的课程本质观基础之上，“课程科目说”把课程单纯地理解为教材或学科，强调受教育者掌握完整的系统的科学知识，往往采用分科教学的形式；课程的体系是以相应的学科逻辑、结构为基础组织的；课程是外在于学习者个人生活的，经常凌驾于学习者之上；教师是课程的说明者、解释者，儿童则是教材的被动接受者和教师的控制对象，这样的双重控制使儿童的自主性、积极性和创造性消失殆尽，造成“教育者眼中无儿童”的尴尬局面。从心理基础而言，这样的课程往往主要关注学习者的认知过程，容易忽视儿童的心智发展、情感陶冶、创造性表现、个性培养以及师生互动等对儿童的成长有重大影响的维度，是一种典型的“教程”。因此，学科课程与课程创生所倡导的儿童主体性发展和教师主动创造难以整合。

尽管课程创生也主张活动尤其是儿童的自主活动，但是从本质上说，活动仅仅是连接主客体的桥梁，是人心理发展的外在影响因素和载体，因而活动只是课程的外在形式，而不是儿童心理发展的实质。因此，“课程活动说”显然也不是课程创生所理解的课程本质。

从本质来看，学前课程创生是以“课程经验说”为基础的。课程创生反对课程实施中教师对专家预设课程的忠实执行，反对学科中心、知识中心和教师中心，主张课程应关注具体情境中儿童的已有经验、兴趣和发展需要，关注儿童在课程中的主体地位，关注儿童经验的积极主动建构，关注儿童的情感、价值观的发展，关注师生互动共同建构课程意义。在这里，经验更主要地被理解为儿童主体在与环境（包括环境中的人与物）相互作用过程中，所获得的一切有关事物的表象或事物之间的情感、态度、价值体验。换言之，对于正在成长中的儿童，尤其是早期儿童来说，直接经验更为重要。因此，学前课程创生的课程本质观是课程的出发点是考虑儿童的已有经验，课程的归属是通过学前儿童与环境的积极互动，促进儿童多方面经验的增长和意义建构。

1. 学前课程内容创生

课程内容是课程的主体部分，课程内容的选择是课程实施中的一个重要步骤和关键所在，它不仅会直接关系到课程实施中目标的达成，而且在很大程度上制约着课程实施中具体的途径、方法、策略的运用。

（1）生活化

学习是生活的有机构成部分，学习需要生活化，只有生活化的学习才是真正的学习，才能成为生长的过程。“教育即生活”还意味着儿童的学校生活、自然生活与社会生活是融为一体的。儿童经验的连续性不仅表现在纵向的不同发展阶段上，而且在横向的方面还表现在儿童在学校、家庭、社区和自然环境中的经验和生活的一致性、完整性。传统教育把儿童的学校生活、社区和自然环境中的经验剥离开来，从而肢解了儿童生活的完整性。杜威不但重视儿童的学校生活、自然生活和社会生活的统一性，而且将之提升到文化修养和民主生活的高度来论述。

学前儿童的认知特点决定了其学习内容本身就具有粗浅性、启蒙性。他们更多是通过具体生活活动中的亲身实践，通过操作活动而获得直接经验并进行经验的建构，从而促进自身经验的发展。对他们而言，生活本身往往就是学习，往往就是课程。创生取向下的学前课程的生活化实现要注意以下四个方面：

第一，全方位性。生活是丰富的、全面的，概括而言，生活应包括自然、社会、人文三个方面的内容。因此，学前课程内容应该从儿童生活的自然、社会、人文环境中寻找和选择合适的内容。

第二，意义性。课程创生强调课程内容的意义性。所谓意义性，在这里主要指对学前儿童的知识的丰富、经验的增长、解决问题的思路与方法、社会交往的技能、良好的个性发展等方面有着显著的促进作用。否则，尽管这个内容再有趣再精彩，也是不适合选择的。

第三，开放性。生活是不断变化、不断丰富和不断发展的；儿童也是不断地生长的。不断变化、丰富和发展的社会生活为学前儿童的成长提供了取之不尽的课程资源。这就要求教师具有开放的理念和意识，敏锐的感受力和捕捉能力，不断从生活中吸取有关的科技、社会和人文的课程内容。

第四，经验性。所谓经验性，是指所选择的生活化内容要有利于转化为儿童的直接经验或建立在儿童已有的经验基础之上。因此，对于那些反映成人经验的内容如果离儿童生活太遥远，就不适合作为他们的学习内容。

（2）多元化

多元化的含义十分丰富，在此语境下，我们更主要是把它理解为文化的多元化和课程内容文本的多元化。从严格的意义上来看，课程文化的多元化应该属于上面论述的生活内容的开放性范畴，因为我们就生活在一个多元化时代，这对学前儿童也是如此。

第一，文化的多元化与学前课程创生。随着科学技术的迅猛发展，其发达程度已超出了人类之前所有世纪的总和。科技的飞跃式发展带来了社会方方面面的极大变革和发展。尤其是先进的交通和通信技术不仅缩短了世界各国的距离，而且缩小了人与人之间沟通的距离，从而加快了全球一体化进程。

我国作为一个由多民族组成的发展中国家，也面对着经济发展全球化与文化多元化的冲突与和谐，面对着处理教育的一体化与多元化之间的协调问题。对我国而言，文化的多元性不仅来自异彩纷呈的各民族文化和有地方特色的本土文化，也来自中国带有区域特征且发展不平衡的文化，如城市文化与乡村文化、工业文化与农业文化，还有来自经济发展方式的变革带来的价值取向多元化，等等。课程改革应如何体现多元文化观念，应具备怎样的课程理论范型和实践模式来处理全球化与文化多元化的冲突与和谐，通过教育帮助儿童学会关心、学会共处、学会负责、学会合作是我国课程文化建设面临的亟待解决的课题。尤其是在多元文化背景中，课程建设如何面对复杂的文化生态环境，进行文化价值选择，使一体与多元保持必要的张力，这是极富挑战与新鲜的课题，也是课程理论工作者必须尽快着手研究的全新课题。

近年来，学前教育界也敏锐地捕捉到了多元文化教育这一特殊的领域，认识到在全球化时代背景下，多元文化对早期儿童的影响，并积极研究应对策略。在学前课程领域，无论是理论界还是实践界都有所探索，这主要反映在学前多元文化课程的目标建设、内容选择等方面。例如，在一些省、自治区和直辖市的地方课程中，一方面从国际化角度大多考虑了世界人文地理、风俗习惯、节日文化等内容；另一方面从本土化角度也大多考虑了中华传统文化、民俗文化等方面的内容。但在多元文化教育的重要性和必要性、多元文化的价值取向、课程目标定位、内容选择的适宜性科学性以及教育模式和实施路径等方面都存在很大问题。

学前课程创生十分重视多元文化教育，强调多元文化对学前儿童发展的价值，主张多元文化应该成为学前课程的重要内容，从学前期开始就应对儿童进行多元文化教育。在多元文化课程的目标上，强调通过多元文化教育，以开阔学前儿童的思维，丰富他们的多元文化知识，形成多元文化意识，增强对多元文化的理解和接纳，做到既尊重其他国家或民族的文化，又了解和热爱我们中华传统文化和本土文化，并加以合理继承，最终形成初步的民族精神和跨文化适应能力。

第二，学前课程创生对多元文化的选择。

一是强调内容的价值性与适宜性。多元文化的内容十分丰富，例如，就范围而言，可分为东方文化与西方文化；外国文化与本国文化；国家文化与地方文化。就对象而言，可分为物质文化与非物质文化。如此丰富多样的多元文化资源并不是都可以被选择为学前课程创生的内容。因此，在选择时首先应考虑其对儿童的成长是否具有价值。另外，要考虑是否适合不同年龄阶段儿童的认知特点和能力。为此，所选择的内容一定要注意粗浅性、直观性和形象性，范围也不宜太宽泛。对于那些复杂的，太抽象儿童难以理解的内容则不宜选择。

二是强调内容的典型性与可操作性。在保证内容的价值性与适宜性的前提下，我们就要注意内容的典型性与操作性。所谓典型性，是指能够反映出某种文化的精髓或核心价值的文化元素。例如，图腾“龙”文化、国粹“京剧”、服饰“旗袍”、“四大发明”等；我国主要的少数民族如蒙古族、维吾尔族、朝鲜族、回族等民族在服饰、风俗习惯、社交礼仪、生活方式、语言、音乐舞蹈等方面的典型特点。又如，对于传统节日，我国的春节、清明节、中秋节、元宵节等；西方的母亲节、父亲节、感恩节等也是十分典型的。所谓操作性，主要是指内容有利于儿童进行学习和模仿。例如，藏族、蒙古族、维吾尔族、朝鲜族的音乐舞蹈，就因旋律和动作特征鲜明直观易于学前儿童模仿。

三是强调内容的本土化国际化的融合。多元文化教育必须面对的一个重要的问题是，如何在文化的国际化、全球化与文化的本族化、本地区化之间保持必要的张力。此外，学前课程创生的多元文化内容主要应考虑立足于本国、本地区的文化特征，适当关注他国或世界各国重要的文化精髓。内容的安排顺序是让儿童先关注身边的地方文化、再到国家文化最后到世界文化。安排时应遵循学前儿童认知规律，由近及远，由具体到抽象。

2. 学前课程创生实施

学前课程创生实施主要强调儿童的自主活动性和意义建构性。具体从以下方面探讨。

（1）自主活动性

第一，自主活动对学前课程创生的意义。

一是活动是儿童主体与客体建立联系的桥梁与纽带，活动是个体的既有素质和外在环境为个体提供的发展可能性转化为现实性的必要中介。从普遍意义上的个体发展来看，个体的既有素质和外在环境是个体发展的必要条件，但两者相加还不是个体发展的充分条件，它们都只提供了个体发展的多种潜在可能性，要使这种潜在可能性向直接现实性转化，需要一个中介，这个中介就是个体的不同性质、不同水平的活动。在幼儿园教育条件下，教师为儿童设计的教学内容、教学方法、教学环境，是儿童发展的外在必备条件，但它们要真正对儿童的发展发挥作用，还必须借助儿童积极主动的学习活动。关于活动对于儿童发展的作用，许多心理学家、教育家都有非常精辟的论述。儿童心理学家皮亚杰是一个相互作用论者，他认为儿童心理正是通过儿童与环境的相互作用而得到发展的，他高度重视儿童的动作和活动对儿童心理发展的作用，指出正是通过儿童对环境的操作动作和活动使早期儿童获得了大量的物理经验和数理逻辑经验，从而促进其认知结构的建构和发展。

二是个体的内部世界与外部世界之间的相互转化也是在活动中得以实现的。个体的发展，实质上就是个体的内部世界与外部世界相互作用、相互转化的过程，在这个过程中，个体的活动是必不可少的中介和桥梁。个体发展的过程就其本质而言，可以抽象为两个方面：一方面是通过个体的活动，个体不断地将外部世界的“人类现实”据为己有，实现自身的丰富和完善，即“外部世界的内化过程”；另一方面是通过个体的活动，个体将已有的能力表现出来作用于外部世界，实现对外部世界的改造，并在改造中确证自己的能力，获得进一步发展的动力，即“内部世界的外化过程”。无论是“外部世界的内化过程”还是“内部世界的外化过程”，都离不开个体所从事的积极主动的活动。正是个体的活动才把个体与外部对象世界联系起来，实现了二者的内外双向转化。活动不仅使人的智慧和力量得以外化和对象化，实现对外部世界的改造、对物质财富和精神财富的创造，而且使人的力量和智慧在活动中得到运用的同时也得到发展，实现内部世界的丰富与发展。

学前课程创生强调自主活动是影响儿童主体性发展的决定性因素，认为促进儿童的自主性发展的目标只有建立在儿童的自主性学习的基础才有可能实现。而儿童的自主性学习的基础则是儿童的自主性活动。儿童自主活动主要包括各种儿童的探索性活动和游戏等活动。另外，学前儿童认知的直观行动性和具体形象性决定了他们的学习不可能离开具体的操作活动和交往活动，否则，他们就不可能获取有益的学习经验，就不可能获得对事物的感知和体验，他们的思维就不可能有所依托，也不可能得以展开。由此可见，没有儿童的自主性活动，就没有儿童主体性的真正发展，活动是学前儿童主要的学习方式。另外，对于学前儿童而言，最好的自主活动就是要让儿童自主行动起来的活动。为此，学前课程创生的实施过程应以儿童的自主活动为基本手段。

第二，自主活动得以实现的策略。如何实现学前儿童的自主活动达到主体性发展，应着重关注以下四个方面。

一是创设宽松的心理氛围。教师应为学前儿童创设安全温馨宽松的心理氛围，教师要充分尊重儿童的人格，建立平等民主的班级文化，鼓励学前儿童大胆发表自己的意见。只有这样，学前儿童才有可能充分地展示自己的自主性、能动性和创造性。

二是提供充足的活动材料。提供丰富的可操作材料，为每个儿童都能运用多种感官、多种方式进行探索提供必要的条件。学前儿童的学习更多的是直接经验的学习，这点与中小学教育有着巨大的差异，因为中小儿童的逻辑思维能力已发展起来。但是，对于学前儿童而言，如果没有可供他们动手操作的材料，那么，他们就不可能获得这种直接经验。因此，物质材料在形成和改变儿童脑结构的过程中起着重要的作用，那种让学前儿童徒手学习的做法是十分错误的；没有材料的学习永远不会成为适宜性学习。因此，教师应高度重视材料的投放工作。首先，教师对材料的敏感是课程设计的重要前提。教师在课程实施中要有“材料意识”，并使之变成一种工作习惯。例如，为了给学前儿童提供“颜色混合”的直接经验，就必须为他们准备充足的颜料和器具，以便于他们操作探索。为了锻炼儿童运用所学的经验对蔬菜水果进行营养搭配的能力，就必须为他们准备各种蔬菜、水果（当然需要教师事先切好）和餐具、调味品等。其次，材料的数量和质量都会对课程的成效产生重要影响。材料的数量一定要充足，能满足活动的需要，这一般比较容易做到，然而，材料的质量却是更为重要的。这需要教师切实关注材料的多重性，如材料的生命性与非生命性；材料的强结构性与弱结构性；材料的消耗性与非消耗性等。在材料的质量上，教师更应关注的应该是材料对儿童经验的增长和问题解决的价值，切实关注材料可能带来的行为。

创设有意义的“问题情境”是材料运用的最佳状态和理性升华，也是促进学前儿童自主活动的重要保证，使学前儿童的经验得到有效建构。在这里，问题情境的关键点是要能促进儿童产生问题，并通过操作材料来验证假设，达到解决问题的目的。

三是自由参与，大胆探究。自由是自主活动和自主学习的前提，教师应允许儿童根据自己的兴趣需要自由选择活动材料、活动内容、合作伙伴、活动方式和方法，同时，激发儿童的探索兴趣和强烈愿望，鼓励儿童大胆探索、发现。引导儿童从情境中迅速聚焦问题、分析问题、提出假设、验证假设，引导儿童记录并解释、分享交流，得出结论。而这些都不需要教师直接告诉答案，而是让儿童自己去操作、去探索。教师应注重对儿童学习过程的指导，鼓励他们通过多方面的努力去解决问题，不轻易放弃勇敢克服困难。同时，在教学过程中教师要鼓励儿童用不同表达形式大胆地表达自己的情感、理解和想象，尊重每个儿童的想法和创造，肯定和接纳他们独特的审美感受和表达方式，分享他们创造的快乐。当然，在这一过程中，教师应注意启发、引导，指导时重在让学前儿童形成方法性经验和价值性经验，使儿童最终能够运用有效方法解决问题，获得成功感。

四是培养敢于利质疑和创造的精神。质疑、创造的精神是课程创生的原动力，作为教师应该充分认识到其重要性和必要性，打破传统的“教师即权威”的落后观念。允许儿童质疑自己的经验、教师的经验和同伴的经验。尽管儿童的探索充满了天真，但是教师不能扼杀孩子的质疑权利和进一步探索的权利，让他们自己去尝试、去发现、去创造。没有质疑，就没有创新。应从小培养儿童的质疑和创造的精神，这正是我们应该加强的品质。

（2）意义建构性

学前课程创生强调课程实施的过程也是师生共同参与探求知识、共同建构知识的过程，强调通过儿童与环境、人的相互作用获得经验的增长和建构。教师不再作为知识权威的代言人全面控制课程的组织与开展，而更多的是以支持者、合作者和引导者的身份出现。儿童也不再是知识的被动接受者，而应成为课程发展的积极参与者，他们的需要、兴趣、经验、探索和体验将受到高度重视。这就需要教师从根本上转变课程观，变灌输性教学为建构性教学，应从以下方面着手实现儿童经验的建构。

第一，关注原有经验，锁定关键问题。当教师通过与儿童的交往发现他们对某个或某些问题十分感兴趣时，首先，分析这个问题对学前儿童的发展是否有价值、有怎样的价值等问题。教师可以从问题的知识性、情感态度性、方法思路性、社会性等方面进行价值判断。教师一旦判断问题具有价值后，则可以根据情况生成相关主题活动。其次，教师应该做的就是分析儿童原有的经验，这是不可缺少的步骤，有助于下一步的经验提供和环境创设。最后，教师锁定几个关键的问题展开活动。

第二，创设问题情境，引发学习兴趣。创设能够包含问题的情境，唤起儿童的好奇心，引发其学习兴趣。例如，教师把同样颜色的三个蛋壳分别放到酒精、清水、白醋中，让儿童在一两天的时间里随时观察，发现蛋壳的细微变化。由教师扮演“魔术师”以游戏的口吻说出要求，儿童的好奇心和探究欲望被调动起来。

第三，初步尝试，新问题与旧经验间产生冲突。产生问题意识后，鼓励儿童初步尝试。儿童一般会运用已有经验去解决问题，但是，原有经验不一定就能成功解决问题，于是，新问题与原有经验会发生矛盾和冲突。例如，教师故意只对每一组儿童提供少量的雪花插片，要求他们构造物品。这时，儿童就会发现他们手里的插片数量太少，根本不能完成自己的构想，于是自然会想到与同伴“合作”才能完成构造设想。

第四，获取新经验，实现意义建构。当发现原有经验不能解决问题后，教师要鼓励儿童打破定式，积极寻找新的办法解决问题，这时儿童可能会反复尝试，遭受挫折，持续的时间可能会较长，教师和儿童要有足够的耐心，教师要鼓励儿童坚持到底。例如，当儿童发现和同小组的伙伴一起合作玩插塑，一起协商构思，既分工又合作，不仅能顺利解决问题完成任务，而且能体验到合作以及合作的快乐，从而实现经验的意义建构。

第五，联系实际，运用新经验。刚刚建构的经验是否真正有效，还需要教师创设新的情境，鼓励儿童在新的情境中加以检验和巩固。儿童能灵活运用新经验解决问题，或采取一定的方式对新经验加以表征，如语言、绘画或手工等，这才标志着一个成熟经验的建构暂告一个段落。

第二节 学前课程内容与教学方法创新

一、学前课程内容的创新

（一）学前课程内容的具体选择

1. 内容的选择依据

（1）社会发展的需要。幼儿期是人生发展的关键时期，为儿童提供适合其生存的学习内容，最大限度地满足儿童的发展需要，开发、发挥儿童潜能，为儿童一生的发展奠定重要基础。随着时代的变迁，人们生活方式、行为方式、价值观念都在不断发生改变，社会对新时代的儿童也提出了不同的要求，如良好的心态和心理素质、强烈的终身学习兴趣和较强的学习能力、敏捷高效的思维和决策能力、丰富的想象力、团队合作能力、人际交往能力等，如果我们不首先了解社会需求，教育出来的孩子很快就会被社会淘汰。所以，教育内容的选择一定要符合社会对儿童发展的需要，培养孩子具有现代化人才的品质。

（2）幼儿园教育目标。我国的幼儿园教育目标指出，培养德、智、体、美、劳全面发展的人才。幼儿园应充分开展以幼儿为主体，教师为主导的教育教学，以适应未来新社会需要的科学的、优秀的、健全的人才，而教学内容的选择就是要实现这一目标。因此，幼儿园的教育内容的选择要以目标为导向。

（3）幼儿身心发展特点。幼儿期是身心发展的关键期，首先在学习方式上，幼儿主要是通过感知、依靠表象来认识事物的；其次，幼儿控制和调节自己的心理活动和行为的能力仍然不足，容易受其他事物的影响而改变自己的活动方向；最后，幼儿期已表现出某些个性特征，但这些特征还不稳定，容易受到外界的影响。因此，需要学前教育选择合适的内容，通过课程教学，对学前儿童在知识技能、兴趣爱好、行为习惯、才能方面，以及对人对己的态度方面进行正确的引导，促进幼儿整体的发展。

2. 内容的选择原则

（1）全面性原则。幼儿园的教育内容是全面性的、启蒙性的，各领域的内容相互渗透，从不同的角度促进幼儿情感、态度、能力、知识技能等方面发展。因此，教师在教学内容的选择上，要结合本班幼儿的实际情况，选择涉及幼儿个人生活、家庭生活、社区生活、人类生活有关的知识、选择涉及幼儿社会认知、社会情感、社会行为等方面的内容，制订切实可行的工作计划并灵活执行，全面而完整地塑造幼儿。

（2）趣味性原则。幼儿园教育内容应选择幼儿感兴趣的事物和问题，这就需要教师时刻关注幼儿的兴趣，从幼儿感兴趣的内容中分析、挖掘蕴含的教育价值，把它们纳入学前教育的内容之中。此外，儿童的兴趣、需要及已有的经验是学习的动力和基础。因此，为引导幼儿有效学习，教育者必须关注儿童兴趣和需要，只要教师留心观察，就能够看到幼儿所感兴趣、所关心的事物和问题，以此把它们生成教育内容。

（3）时代性原则。不同时代对学前儿童教育要求不同，因而教育内容的选择也要体现出时代特性。关注教育内容的时代要求，体现灵活性和丰富性，把教育内容与幼儿学习、生活，幼儿与社会互动密切结合，关注当下社会中出现的新事物、新情况、新问题，帮助幼儿了解自己所处的生活时代，从全面发展的角度满足幼儿的整体发展。

（二）学前课程内容的发展元素

“学前教育是基础教育的重要组成部分和奠基阶段。积极发展学前教育，已经成为当前促进社会公平、构建和谐社会的必然需要。”① 在学前课程的教学内容中，较为常见的发展元素有德育、智育、体育、美育四个方面。

1. 德育

德育即道德教育，道德是在一定的社会条件下形成与发展起来的，是人们共同生活的行为准则的总和，它是一种社会意识，是社会存在的反映，也是评价人们行为的标准。学前儿童德育是德育的最初阶段，学前儿童身心发展特点决定了他们的道德认知、道德情感、道德行为处于形成和发展的过程

① 韩寒，李忠宴．我国积极发展学前教育的社会意义［J］．新课程（下），2011（3）：111.

中。在学前德育过程中，教师把道德要求传递给幼儿，通过多次转化、最终形成幼儿良好的道德品质。

在当今全球化时代，要求新一代应有开拓创新的精神，善于独立思考、具有竞争意识、良好的人际关系、坚强的毅力等个性品质。另外，学前儿童德育也是实施其他各育的方向和动力保证，学前德育的目标、内容，都需要更新观念，以适应社会和经济的发展。当然，学期儿童不仅处于智力发展的最佳期，也是人格品质形成的基础阶段，由于儿童所处的环境和独生子女的不断增多，所以学前儿童德育更具有重要的意义。

学前儿童德育教育的内容主要包括发展儿童社会性的教育和发展儿童个性品质的教育。发展儿童社会性的教育包括萌发爱家乡、爱祖国、爱集体、爱劳动、爱科学的情感；发展儿童个性品质的教育包括培养诚实、自信、勇敢、活泼开朗等良好的个性品质。

2．智育

智育是全面发展教育的重要组成部分，是有目的、有计划地使受教育者掌握系统的科学基础知识和基本技能，促进受教育者智力发展的教育过程。从学前儿童认知特点出发，有目的、有计划地组织活动，使儿童获得粗浅的知识和技能，进而促进儿童思维能力的发展。

学前智育的内容主要包括：儿童认知能力的培养，如感知觉、观察力、语言能力、思维能力、想象力、动手操作等内容；基本的、常用的知识，包括与幼儿生活密切相关的生活常识、社会知识、语言知识、自然知识、初步知识、音乐和美术的知识等；儿童学习兴趣的激发和学习习惯的养成等方面的内容。

3．体育

学前儿童健康的标志是体格健康发展、体态无缺陷、各项体能达到年龄标准，对环境有一定的适应能力，精神饱满、愉快，有一定的控制力。它包括了学前儿童心理健康和身体健康两大方面。学前儿童体育是遵循学前儿童身心发展规律，运用科学的方法以促进学前儿童身体发育，增强学前儿童体质为目的一系列教育的活动。

幼儿园开展体育活动，不仅有利于儿童生理和心理的健康发展，还关系到未来的国民素质，从小进行体育锻炼，增强学前儿童体质，培养适合未来发展所需的建设者。同时，学前教育把体育放在首位，主要是因为幼儿期的身体各个器官和系统都比较柔嫩，发育不成熟，机能不够完善，适应环境的能力也较弱等特点，体育也为实施其他各育奠定了物质基础。因此，学前儿童进行适当的体育锻炼是非常必要的。

4. 美育

美育，即审美教育，是通过审美实践活动，有意识地培养人的美感，陶冶人的性情，塑造人的心灵，从而促进人的全面发展。美存在于各种事物中，并通过不同的形态表现出来。学前儿童美育是指对学前儿童实施的美育教育。包括感受美、欣赏美、表现美，是一种赏心悦目和怡情的心理状态。儿童美感的发展与意识的发展相伴随并随着心理过程的发展而逐渐完善，常常与积极的情绪体验相联系。总体而言，学前儿童美感较为肤浅，常以动作、表情、活动方式来表达。因此，通过审美实践活动，有意识地培养学前儿童的美感，陶冶、塑造儿童性情与心灵，促进学前儿童全面发展。

美育作为社会文明的标志，受到前所未有的重视，成为我国建设社会文明的需要。学前儿童接受审美教育，可以形成正确的审美观，培养儿童敏感的感受力、丰富的个性、高尚的审美情操等作用，促使儿童不断追求和完善自己。也可以激发学前儿童对美的兴趣、爱好和向往，培养其初步表现美和创造美的能力，塑造完美人格。

学前儿童美育的目标是：培养幼儿初步感受美和表现美的情趣和能力。对于学前儿童而言，感受美和欣赏美是审美的基础，是优先发展的能力，在此基础上才能发展表现美和创造美的能力。

教师在实施美育过程中，首先，要美化生活环境，引导儿童欣赏体验周围环境的美，如幼儿园室内室外环境的布置，要体现童趣性，颜色和形式的搭配要艺术化和儿童化，力求适用、美观、整洁、有序。其次，引导儿童感受大自然中的事物，如山川河流、花草树木、鸟虫鱼兽、气象风景等丰富多彩的自然资源。选择社会现实生活中美的事物和人物感染儿童，充分利用多姿多彩的艺术作品，提升儿童对美的感受力和表现力。再次，教师要遵循一定的儿童发展需要，引导儿童由对美无意识地直觉地反映，逐渐发展到有意识地、自发地感受美和表现美。最后，重视游戏在培养儿童美育中的独特作用，游戏不仅是学前儿童喜欢的活动形式，同时也是一种表现美、创造美的特殊活动。在游戏活动中，教师要引导学前儿童反映现实生活中美的事物、美的行为、美的语言。

（三）学前课程内容的创新手段

第一，多感官教学法：利用孩子的多个感官，包括视觉、听觉、触觉、嗅觉和味觉，设计丰富多彩的教学活动，帮助他们更好地理解和记忆知识。

第二，游戏化学习：将学习内容融入游戏中，通过游戏的形式激发孩子的学习兴趣，提高他们的参与度和积极性。

第三，STEM 教育：引入科学、技术、工程和数学（STEM）元素，通过实际操作和探究式学习，培养孩子解决问题的能力和创新思维。

第四，艺术整合：将艺术元素融入课程，如音乐、绘画、手工艺等，促进孩子的创造力和想象力的发展。

第五，社交情感教育：注重培养孩子的社交能力和情感智力，通过小组活动、合作学习等方式，帮助他们建立良好的人际关系。

第六，技术整合：利用现代技术，如智能板书、教育应用程序等，提升教学效果，使学习更富有趣味性和互动性。

第七，个性化教学：根据每个孩子的兴趣、能力和学习风格，个性化地设计教学内容，以更好地满足他们的学习需求。

第八，自主学习：培养孩子的自主学习能力，通过设立学习任务、让孩子自主选择学习内容等方式，激发他们的学习动力。

第九，实地教学：利用实地考察、参观等方式，将学习内容与实际生活联系起来，增强孩子对知识的理解和应用能力。

第十，跨学科整合：打破学科间的界限，通过跨学科的教学设计，促进孩子对知识的整体性认识。

二、学前课程教学方法的创新

在幼儿园一日生活中，由于学前儿童身心发展特点和认知能力、发展水平的限制，要求选择和使用的方法必须适合儿童思维发展水平和接受能力。因此，在日常教学中，教师既要考虑怎样教，又要考虑儿童怎样学以及每个儿童的学习方式，保证教育教学目标的顺利完成。在此，将学前教育中常用的创新方法进行探讨，以便教师根据不同的教育或活动要求采用相应的创新方法，以达到理想的教育境界。

（一）探索发现法

探索发现法作为儿童学习方法之一，主要是指在教育教学活动中，教师要引导儿童自主探索，从而发现事物的特征、属性和相互关系的方法，对学前儿童而言，思维比较浅，对问题的认识不够深刻，所以需要教师的协助，这对教师的要求也是极高的，教师不仅要观察儿童的兴趣点，有时还要确定儿童要解决或探索的问题，组织儿童的学习活动，创设研究问题的情境，指导儿童探求、思考，以及推测各种可能的答案，寻求问题的正确结论。探索发现法容易引起儿童的兴趣和激发儿童的内部学习动机，对发展儿童的认知能力、探索能力和创造精神也是有益的。

1. 探索发现法的类别划分

（1）探究法。即儿童根据生活情境自己提出问题或由教师确定问题或主题，在教师的指导下，有目的、有计划、有步骤地进行研究与探索，从而获得结论，培养创新实践能力的一种教学方法。它所倡导的是教学过程中儿童的积极参与。重在激发儿童探索的欲望和好奇心，培养儿童科学的探究方法，初步形成主动探究的意识，培养儿童的主动探索的精神。在运用探究法时，首先，教师要注意创设的问题情境要生活化、趣味化、创意化，能够激发儿童的想象力与探求欲；其次，利用小组合作学习，营造良好的互动氛围，同时加强了同伴间的交流。必要时教师进行适宜的引导、点拨与组织，使儿童进行有效探究。

（2）发现法。发现法是由美国教育心理学家布鲁纳提出的，他认为发现法是指在教师引导下，儿童自己发现问题，并通过对问题的独立研究探索来发现和获取知识的一种教学方式。他认为教学不只是儿童获得知识的过程，还应是儿童能力得到充分发展的过程。发现法强调儿童是发现者，参与知识的建立过程，发现事物的变化及内在联系，从而获得规律性的知识。儿童通过自己的探索学习，充分调动思维的灵敏性，发展探索能力和习惯，还有利于儿童理解知识、记忆知识。这无疑对儿童的探究精神和创造性的培养是非常有利的。

2. 探索发现法的注意事项

（1）教师要积极创设问题情境，精心设计发现过程，要周密考虑问题的每一个步骤和提出的方法，要注意激活儿童的探究兴趣，提高他们探索真理的勇气。

（2）教师要做好探索发现前的准备工作。根据儿童认知发展特点及探究发现的内容，准备好活动材料。

（3）探索发现，虽然强调儿童在探究活动过程中的主体作用，但学前儿童本身的年龄特点也要求教师做精细化的指导。

（4）以小组合作的方式探究发现，为儿童提供尽可能多的机会去发展自己的探索欲望，倾听别人的想法，学会交流，增强整体合作意识。

当然，探索发现法不是万能的，教师在教育教学过程中，要把探索发现法和其他教学方法配合使用，才能取得更好的教育教学效果。

（二）直观形象法

直观形象法是学前课程教学中常用的方法，即借助儿童多种感官和已有表象，教师采用直观教具或直观形象的事物，组织儿童开展观察、欣赏、演示、示范和范例等活动，促进幼儿全面深刻地掌握知识，以达到教育教学的目的。直观手段通常为直观实物、图片、多媒体、语言等。通过鲜明、生动的形象，吸引儿童的注意，激发学习兴趣，帮助儿童理解和记忆，有助于发展儿童的观察力、形象思维能力。直观形象法主要有以下几种类别。

第一，观察法。观察法使儿童感知某一具体事物，以此丰富知识，扩大眼界，锻炼感知觉，发展观察力和其他认知能力，激发儿童学习的积极性和探索意识，促进语言的发展，在运用观察法时，教师要提供各种各样的事物供儿童观察，丰富儿童生活，并且要教给儿童观察的方法，组织儿童有目的地观察。在科学、自然、体育等活动中常用观察法。

第二，演示法。演示法是教师通过出示各种实物或直观教具，进行示范性操作。引导儿童集中注意力，对某一事物或现象有一个较完整的感性知识。在运用演示法时，要选择恰当的时机出示直观教具，以激发儿童兴趣和好奇心，演示实物要使全体儿童看清楚，必要时教师要配合语言讲解，使儿童能够理解观察实物的特征。在科学、数学、语言等活动中常用演示法。

第三，示范法。示范法是教师通过自己或儿童的动作、语言或教学表演，为儿童提供具体模仿的范例。在语言、美工、音乐、体育等活动中常用示范法，在示范教学时，教师要选择好位置，使每个儿童都能看清楚，教师动作要慢、清楚而准确并加以语言解释，以达到教学的目的。

第四，范例法。范例法是指教师选择典型的事例供儿童直接模仿或学习。如优秀人物，已经准备好的各种样品等。在运用范例法时，所选的范例造型要简单大方，色彩鲜艳，便于儿童理解、易于模仿和学习。

第五，参观法。参观法是与直观形象有关的教学方法，主要是为儿童提供真人、真事、真场合，作为教育环境的一种方法。教师常常有目的地带领儿童对所参观的对象进行观察，而这种观察与幼儿园中的观察学习有所区别，它是为儿童提供真实环境的观察，调动儿童多种感官，激发儿童真情实感，进而产生感情共鸣和移情。

（三）讲解谈论法

讲解谈论法是指在教育活动中，教师通过讲解、讨论、谈话等方式对儿童进行教育、指导、说教，以达到教育目的的一种教育方法。教师通过讲解谈论法，为儿童提供知识信息，帮助儿童获得知识经验，促进智力发展。讲解谈论法主要有以下几种类别。

第一，讲解法。讲解时教师口头向儿童陈述或解释某一问题的方法。讲解必须和多种方法相结合，才能发挥其作用。教师通过讲解，可以使儿童知道学习的目的，理解相关知识，掌握技能。在运用讲解法时，要注意语言的清晰、准确、生动、形象而富有感情，还要关注儿童原有的发展水平，尽量使用通俗易懂语言，必要时可重复讲解。

第二，谈话法。谈话法主要是指教师与儿童围绕某一主题或问题，平等谈论的一种方法，它可以激发儿童的兴趣，活跃儿童思维，发展语言能力。在运用谈话法时，注意身体姿态，尽量蹲下来或坐下来，和儿童在一起投入某一话题中。不偏向、不歧视、不嘲笑儿童，引导幼儿发展良好的语言和行为。

第三，讨论法，讨论法是指儿童通过自己原有的知识经验，对一些不了解的、模糊不定的或感兴趣的问题、主题发表自己的意见。讨论法是儿童自己教育自己，但是儿童年龄较小，需要教师引导，由儿童积极参与讨论活动。儿童在讨论时，学习的氛围应是轻松、自由、和谐的，在这样的环境中能充分发挥儿童的主观能动性，引导儿童回忆已有的知识和经验，促进儿童认知水平和思维水平的发展。

（四）游戏化方法

“游戏为幼儿提供了一个轻松愉快，且有丰富刺激的，能鼓励幼儿自主学习的良好环境，使他们获得安全感、自尊和自信，获得对学习的持久热情，从而终身受益。”①

游戏法是指教师通过游戏的方式引导儿童开展学习活动，以取得良好的教学效果。通过游戏方式，使儿童饶有兴趣、积极主动、轻松愉快地进行学习。实施游戏化方法有两种类型：一是游戏活动教育化；二是教育活动游戏化。游戏活动教育化主要是指儿童通过角色游戏、结构游戏、表演游戏、有规则游戏等形式，发展语言、增长知识和技能，培养儿童审美情趣，促进其社会化的发展。教育活动游戏化主要是指在教育教学活动中，充分利用游戏的特点及儿童对游戏的偏向，以游戏的形式开展相应的教育活动。常常有智力游戏、听说游戏和体育游戏，帮助儿童获得知识、技能，激发儿童的认知思维能力的发展，培养儿童学习的兴趣。

“学前教育游戏化要求教师按照寓教于乐的方法进行知识渗透，增强幼儿的学习能力，引导幼儿在成长、进步的过程中保持较高的主动性。”② 教师应灵活运用多元化方法，提高教学水平，转变教学思维，不断加强对学前教育游戏化的把控，充分考虑幼儿的学习能力、学习兴趣，不断创新游戏的内容，增加幼儿的学习动力，帮助幼儿在学习、成长的过程中得到更好的体验，引导幼儿在学习中提高自身的综合素养。

1. 游戏的现代内涵与特征

（1）游戏的现代内涵

第一，游戏是幼儿生活的主要内容，是幼儿最喜爱的活动。游戏代表着儿童的自由、天真、自然的天性和潜在的能力，儿童在游戏中表现出全神贯注、想象和创造力。甚至游戏对于幼儿而言几乎就是他们的生活，即使是吃饭、睡觉，幼儿也常常以游戏的形式来进行。

第二，游戏可以满足幼儿的多种需要。幼儿喜欢游戏是由于游戏符合幼儿身心发展需要，在幼儿的成长过程中有各种需要，有认知的需要、积极好动的需要、自由表现自己能力的需要、与同伴交往的需要、自我实现的需要，特别是参加社会生活，像成人一样活动的需要等，由于幼儿年龄小，实际能力还没有达到一定的程度，但是他们又渴望像成人那样参与很多实践活动，像成人那样做自己想做的事情，所以游戏满足了幼儿快快长大和参加成人活

---

① 柳阳辉．学前教育学 [M]．郑州：郑州大学出版社，2012：161.

② 裴玉霞．游戏化理念下的学前教育方法 [J]．幸福家庭，2021（24）：105.

动的需要，游戏为幼儿提供了这种可能。游戏的任务是幼儿力所能及的，当幼儿克服一定的困难，解决自身身心发展的需要与实际能力之间的问题，达到一定的目的，得到自我奖励时，幼儿从中获取经验，推动心理向前发展。

第三，游戏是幼儿独特的一种学习方式。首先，学习的动力来自幼儿内部需要。幼儿在游戏中学习，是为了满足自身的好动、好奇、操作摆弄物体、与人交往等需要，而不是成人的要求。所以，游戏中的学习完全是由幼儿的兴趣、爱好、探索等内部动机推动的。其次，学习目标是隐含的。幼儿并非为了学习而游戏，而是为了“玩”而游戏的。教师在提供游戏环境时，将教育目标隐含其中，幼儿积极、主动参与游戏，就能自然地实现某些方面的发展目标，经常进行各类游戏，相应地，就能促进幼儿各方面的发展。最后，学习方式是潜移默化的。在游戏中，幼儿虽意识不到其中有学习，却不知不觉学到了很多东西。

（2）游戏的主要特征。游戏的自身特点决定了它不同于其他的活动，这些本质，被抽象概括出来主要有以下几个方面。

第一，游戏是自主的活动。游戏是幼儿主动参加的活动，儿童之所以游戏，是因为游戏的目的出于儿童的内部需要，是由儿童的内部动机引起的。儿童在游戏中将现实中难以实现的愿望，降低到实际能力所能承受的水平，使自己成为游戏的主人。可见，游戏活动源于“我要玩”并非“要我玩”，是幼儿的内部需要，是由内部动机支配的，而不是来自外部的命令或要求，是幼儿自发自愿的活动。

幼儿游戏以活动本身为目的，游戏不要求一定达到外在的任务和目标，也没有严格的程序和方式，在游戏中都是由幼儿自己决定。他们在游戏中充分地体验游戏带来的愉快和乐趣，全身心地投入游戏中，始终处于积极、主动的活动状态，这正是游戏的魅力所在。幼儿是在没有任何外在压力的情况下，自主、自由地做自己喜欢的事情。如果游戏失去了自主性的特征，而由教师精心安排，幼儿必须完成教师布置的任务，表面上看幼儿是在参与游戏，实际上，幼儿并没有真正地在玩游戏。所以，只有充分尊重游戏者的意愿，发挥游戏者的主动性，才是真正的游戏。

第二，游戏是虚构的活动。游戏不是儿童的真实生活，每个儿童在做游戏时，都清楚地知道只是一种愿望和要求的被满足，是一种获得愉快体验的手段。儿童在游戏中利用模仿、想象来创造性地整合和表现周围生活，他们可以把日常生活暂时抛弃，也可以不受日常生活的约束，这种虚构、不真实的情境深深地吸引着儿童。同时，幼儿游戏又是其生活的写照，反映其知识经验。游戏的内容、情节，游戏的规则及其行为方式都具有社会性的特征。但又不是真实生活的翻版，它是幼儿在假想的情境下反映生活的活动，是“假装的”，它可以不受具体时间、地点、条件的限制，所需要的玩具材料可以是主要特征相似的替代物。他们可以通过动作和想象创造出新的情境，把狭小的游戏场地变成可以从事各种各样活动的广阔天地。总而言之，游戏中的角色、情节、玩具、材料均具有明显的虚构性，幼儿是在虚构的游戏情境中反映周围的现实生活。

第三，游戏是有趣味的活动。游戏是一种娱乐活动，游戏中具体形象的角色，变幻的情节内容，新奇的玩具，对幼儿而言都是有趣的，能激起他们良好的情绪，吸引他们主动参加甚至可以重复地玩儿。幼儿以参加游戏活动的过程和获得愉快为目的，幼儿总是在情绪积极时才做游戏，通过游戏活动又获得更大的快乐。

第四，游戏是具体的活动。游戏活动虽是虚构的、想象的，但这种虚构与想象又是非常具体的，如小医生打针时，针筒虽是玩具，但它是具体的材料；医生操作玩具针筒给病人打针的动作虽是假的，但它的操作性游戏动作却是实际动作；医生虽是一种假扮的角色，但角色所表现的人物却又是具体的；游戏中的具体语言对游戏者之间的交往和形成各种关系起着重大作用。游戏中有角色、语言、动作、玩具，幼儿可以身体力行，实际地模仿、练习，非常具体。

由游戏的本质特征，我们可以给游戏下一个操作性的定义：游戏是学前儿童喜爱的、自愿的、主动的、亲自体验的活动，是学前儿童通过模仿和想象反映周围现实生活、给幼儿带来愉悦感的活动。

2. 游戏化方法的具体实施

（1）明确游戏不但是教育活动的一个环节，还是贯穿教学活动的整个环节。如果是教育活动的一个环节，那么游戏的目的就是引起兴趣或者强化知识，也就是说，游戏是为教学服务的，教师在组织教育活动时切忌本末倒置，不要过多关注儿童游戏而忽略教育活动原定的目标和将要完成的任务。

（2）在组织活动时教师要明确游戏规则。教师根据游戏目的及教育活动的目的对儿童提出明确、具体的要求，这对儿童组织、约束及调整游戏行为有积极的作用。

（3）采用游戏法要注意发展适宜性，不同年龄班游戏开展的形式及成分都有所不同，如小班儿童可以较多采用游戏方法进行教学，随着年龄的增长，知识经验的增长，语言、智力的发展，到大班采用游戏化方法相对减少，相应增加讲解、讨论、练习等方法。

（4）开展游戏化的形式应多样化，可以集体活动，也可小组或个别活动。但为了满足每一个儿童的需要，最好创设不同的游戏区角。

综上所述，学前教育的基本方法虽然有着不同的内涵和意义，在使用时要求也不相同，但是也是彼此联系、相辅相成的，所以在实践中，教师要根据不同的教育内容和要求以及儿童的实际情况，灵活多样地应用，既可单独使用，也可综合使用，其最终目的都在于促进儿童在原有的水平上得到发展。

（五）操作体验法

操作体验法是指教师在教育教学中提供与教学内容有关的材料供幼儿操作，或者设置一定的环境，引导儿童主动学习和发展，从而巩固知识，形成简单技能和行为习惯。在具体的教育活动中，操作和体验常常同时存在，教师为儿童提供一定的条件或创设一定的环境，让儿童亲自体验、亲自动手，去体验某种事物或行为，有利于激发儿童探索欲，求知欲，也有利于儿童掌握相应的操作技能，从而达到教学目的。操作体验法有以下两种方式。

1．行动练习法

行动练习法是指教师组织儿童反复练习一定的动作，从而巩固知识和技能。在日常教育中，行动练习法是一种重行为训练轻口头教育的有效教育手段。从性质和特点来说，一般分为心智技能练习，如儿童语言、记忆、思维、想象等智力活动；动作技能练习，如体育活动、唱歌、跳舞、操作用具等外部动作；道德行为练习，如同情心、爱心、助人为乐等内容。在运用行动练习法时，首先，要明确练习的目的，任务和具体要求，激发儿童练习的主动性和积极性；其次，练习要符合儿童年龄特点和能力水平，方法恰当并适当地伴随提示、引导和示范；最后，练习的方式应多样化，避免单调、乏味，提高儿童练习的兴趣。

2．环境体验法

环境体验法是指教师根据一定的教育目标，创设一定的环境和条件，让幼儿置身其中体会、感受，加深他们对事物的理解，激起相应的情感体验和认知经验。在幼儿园环境体验法中，通过精神环境体验，促进儿童心理健康发展，满足儿童心理需要，培养相应的精神品质；通过物质环境体验，让儿童感受动手操作的乐趣和收获，培养儿童良好的行为习惯。在运用环境体验法时，首先，要注意创设的环境要富有童趣，不宜成人化，为儿童提供他们熟悉的便于开展想象与拟人化的环境；其次，教师为儿童创设的环境要便于儿童操作，投放的材料要适合儿童年龄特点，也可随教育目标或儿童发展需要调整环境布置；最后，在环境的创设时，教师要对儿童进行必要的指导，引导儿童创设完整的学习环境。

在运用操作体验法时，首先，要注意材料提供的可操作性和教育性。投放和布置适合幼儿身心发展特点和需要的材料和环境，便于儿童练习、操作。其次，操作体验的内容要围绕教育目标展开，以便儿童把握某些要求、技能、准则和基本行为规范，进行反复练习，体验不同活动带来的快乐。最后，采用操作体验法需要家园协作，互通信息，教育目标一致，使儿童在认知、情感与行为上得到全面发展。

第三节　多主体协同下的学前课程实施

学前教育课程在儿童发展中起着至关重要的作用，它不仅为儿童提供了早期学习的机会，还为他们的社会、情感和认知发展打下了坚实的基础。因此，政府、社会组织、教师和家长都应积极参与学前课程的实施，以确保每个孩子都能获得高质量的学前教育。

一、政府对学前课程实施的推动

政府在学前课程实施中扮演着重要的角色。政府应该制定政策和法规，以确保学前教育的质量和可及性。这包括规定学前教育的标准、制定课程框架和提供资金支持。政府还应该监督学前教育机构，确保它们符合标准，并为其提供必要的培训和资源。

此外，政府还可以通过提供奖学金和减免学费等措施，帮助家庭提供高质量的学前教育。政府还可以制定政策，鼓励学前教育机构与社会组织合作，以提供综合的学前教育服务，包括早期健康和社会服务。

政府的角色还包括推动学前教育的研究和创新。政府可以资助研究项目，以了解学前教育的最佳实践，并鼓励学前教育机构采用创新的教学方法和技术。

二、社会对学前课程实施的作用

社会组织在学前课程实施中也扮演着重要的角色。它们可以提供额外的支持和资源，以丰富学前教育的内容。社会组织可以为学前教育机构提供志愿者，这些志愿者可以与儿童互动，提供额外的辅导和支持。社会组织还可以组织各种活动，如文化和体育活动，以帮助儿童发展社交和情感技能。此外，社会组织可以提供家庭支持服务，帮助家长更好地理解和支持他们孩子的学前教育，主要包括提供家庭教育课程，以增强家长的育儿技能，以及提供心理健康支持，以帮助家庭处理挑战和压力。

社会组织还可以通过举办庆祝活动和社区聚会来建立学前教育的社会支持网络。这有助于建立一个更大的社区，使家庭和学前教育机构能够更好地合作和协同工作。

三、教师对学前课程实施的责任

教师是学前课程实施中的关键角色。他们应该具备专业知识和技能，以有效地教授和管理学前教育。教师应该接受培训，了解最新的教育研究和最佳实践，并能够应对不同年龄段和背景的儿童的需求。

教师应该创建丰富的学习环境，以激发儿童的好奇心和探索精神。他们应该使用多种教学方法，以满足不同学习风格的儿童的需求。教师还应该关注儿童的个体发展，提供个性化的支持和指导。

与家长和社会组织协同工作也是教师的责任。教师应该与家长建立紧密的合作关系，以了解他们的孩子的需求和兴趣，并提供定期的反馈和建议。教师还应该与社会组织合作，以提供额外的支持和资源，丰富学前教育的内容。

四、家长对学前课程实施的促进

家长在学前课程实施中也扮演着至关重要的角色。他们是儿童的第一位老师，可以在家中提供重要的学习经验。家长应该积极参与孩子的学前教育，为孩子提供支持和鼓励，以帮助孩子建立自信和积极的学习态度。

家长还可以与学前教育机构合作，以了解他们的孩子在学校的表现，并参与家庭教育课程，以提高他们的育儿技能。家长应该与教师建立积极的合作关系，以确保他们的孩子获得个性化的支持和指导。此外，家长可以参与学前教育机构的家长委员会或协会，以帮助塑造学前教育的政策和实践。他们还可以通过提供反馈和建议，以确保学前教育满足家庭的需求和期望。

家长还可以在家庭中创造有利于学习的环境。这包括提供书籍、玩具和其他学习资源，鼓励孩子主动探索和学习。家长可以与孩子一起阅读，讨论和分享知识，以培养他们的认知和语言能力。

政府、社会、教师和家长协同下的学前课程实施对儿童的综合发展至关重要。政府应发挥监管和政策制定的作用，以确保学前教育的质量和可及性。社会组织可以提供额外的支持和资源，以丰富学前教育的内容。教师是学前教育的核心，应具备专业知识和技能，以有效地教授和管理学前教育。家长是孩子的第一位老师，应积极参与孩子的学前教育，为孩子提供支持和鼓励。只有政府、社会、教师和家长紧密协同合作，才能确保每个孩子都能获得高质量的学前教育，为他们的未来发展奠定坚实的基础。学前教育的成功实施将使儿童更有机会充分发展其潜力，为社会和国家的繁荣做出贡献。因此，各方应共同努力，确保学前教育的成功实施。

第四节 技术赋能时代的学前课程评价

随着科技的迅速发展，技术已经渗透到了我们生活的各个方面。在教育领域，技术也扮演着越来越重要的角色，为学前课程评价带来了新的机遇和挑战。在技术赋能时代，学前课程评价不再仅仅是传统的纸笔测试，而是更加综合、创新和个性化的过程。

一、技术赋能时代学前课程评价的挑战

第一，技术不平等：技术的使用不是在所有地区和家庭都是平等的。一些地区和家庭可能没有足够的资源和设备来支持技术赋能的学前课程评价，这可能导致不平等的评价结果。

第二，隐私和安全问题：在技术赋能的学前课程评价中，儿童的个人信息可能会涉及隐私和安全问题。必须采取措施来确保儿童的数据得到妥善保护。

第三，技术依赖：过度依赖技术可能会导致评价的单一性，忽视了其他重要的评价因素。学前课程评价应该是多元化的，涵盖不同的领域和技能方面。

第四，师资培训：教育工作者可能需要接受相关的培训，以充分利用技术进行学前课程评价。这需要时间和资源。

第五，技术的快速变化：技术领域的变化非常快，评价工具和方法可能会很快过时。因此，教育机构需要不断更新评价方法，以适应技术的发展。

二、技术赋能时代学前课程评价的机遇

第一，个性化评价：技术可以帮助教育者更好地了解每个儿童的学习需求和能力水平，从而进行个性化的评价，这有助于更好地满足每个儿童的学习需求。

第二，实时反馈：技术可以提供实时反馈，帮助儿童和家长更好地了解儿童的学习进展。这有助于及早发现问题并采取相应的措施。

第三，多媒体评价：技术支持多媒体评价，包括图像、音频和视频。这有助于更全面地了解儿童的能力和表现。

第四，跨地区合作：技术可以促进跨地区合作，教育者可以与其他地区的教育者共享评价工具和经验，从而提高评价的质量和效能。

第五，数据分析：技术可以帮助教育者更好地分析评价数据，从中提取有用的信息，以改进教育实践和课程设计。

三、技术赋能时代学前课程评价的方法

为了充分利用技术改进学前课程评价，教育者可以采取以下方法。

第一，提供均等的技术资源：确保所有地区和家庭都能够获得足够的技术资源，以支持学前课程评价的技术化。

第二，强调隐私和安全：采取措施来确保儿童的个人信息得到妥善保护，包括数据加密和安全访问控制。

第三，多元化评价方法：不要过度依赖技术，而是采用多元化的评价方法，

包括观察、面试、作品集等，以全面评价儿童的能力。

第四，师资培训：为教育工作者提供相关的培训，以提高他们的技术素养和评价技能。

第五，持续更新评价工具：随着技术的发展，不断更新评价工具和方法，以适应新技术的出现和发展。这可以通过与科技行业的合作以及定期的专业发展来实现。

第六，制定清晰的评价标准：确保学前课程评价的标准明确、可操作，并与教育目标一致。这有助于确保评价的公平性和有效性。

第七，利用大数据分析：借助大数据分析工具，可以更深入地理解儿童的学习过程和趋势，以便更好地支持他们的发展。

第八，与家长合作：建立与家长的紧密合作，分享评价结果和学习进展，以共同关心儿童的教育和发展。

第九，推广最佳实践：教育机构应该鼓励教育者分享他们的最佳实践，以便其他教育者可以从中学习并改进自己的评价方法。

第十，持续反思和改进：学前课程评价是一个不断改进的过程，教育机构和教育者应该不断反思和改进他们的评价方法，以提高评价的质量和效能。

第五章　教师队伍建设：学前教育高质量发展的重要支撑

作为塑造儿童早期发展和教育的重要基石，学前教育对于个体成长、家庭幸福、社会和谐以及国家未来都有着深远的影响。在学前教育中，教师队伍的建设是至关重要的环节，其素质和能力直接影响到学前教育的质量。因此，加强教师队伍建设，是推动学前教育高质量发展的重要支撑。本章主要探讨学前教师的职业能力养成、学前教师的培训体系构建、学前教师的地位与声望提升、学前教师队伍建设的经验与展望。

第一节 学前教师的职业能力养成

一、学前教师语言表达能力

（一）讲故事的能力

故事是通过生动曲折而完整的情节、通俗易懂而形象的语言来反映社会生活的一种文学形式。讲故事是用通俗易懂的口语将故事材料描述给别人听，是一种口头艺术，是语言表达的一种特殊方式。通俗地说，讲故事就是运用有声语言和肢体语言（包括表情、手势等）把故事内容生动形象地展示出来的过程，能绘声绘色地讲一个故事，是学前教育专业学生的一种从业技能、一项教师基本功。要想提高此项基本功，应从以下三个方面着手。

第一，修改故事。在不改变故事原有情节的基础上，对故事的细节进行扩充，对表现故事的语言进行美化，辅之以幼儿爱听又听得懂的语言来更生动地表现故事情节。尤其要从幼儿的特点出发，通过使用叠词、象声词等方法来引起幼儿的兴趣，使故事充满童趣。

第二，学习讲故事的技巧。教师可以借助多种媒体多听优秀故事，如《鞠萍姐姐讲故事》《孙敬修爷爷讲故事》等，学习故事讲述的方式，提升故事讲述的技巧。学会在讲故事时，语言亲切、富有变化；表现动作时，可以使用各种各样的象声词，加大对角色动作的表现力度；讲故事的过程中还可以通过设置提问、预设包袱等方式来吸引幼儿的注意力；等等。

第三，分析和研究故事内容，进行故事讲述练习。在掌握讲故事的技巧之后，要选择适宜的文学作品，之后对作品进行分析和再加工，并进行讲述练习，在练习过程中注意以下问题：①合理运用各种拟声词。选择使用合理准确的拟声词，可以增加故事讲述的生动性和趣味性，激发幼儿的兴趣。②扩充故事角色的对白。故事讲述时，若完全照搬原文的内容和对白，就会显得有些呆板，讲出来的故事也会有些枯燥。如果在讲述的时候进行想象，扩充对白，增加角色之间的互动，使语言对白贴近生活，具体形象，这样讲出来的故事就会更饱满、更真实。当然，这样做的前提是不篡改故事的原意。③适当地重复和放慢语速。幼儿以无意注意为主，注意力集中时间较短。加之幼儿的认识和思维能力有限，往往不能把故事的内容全部听懂。因此，教师在讲述故事的时候需要把重要的、精彩的部分放慢语速和适当重复，这种慢节奏的重复，既可以引发幼儿对故事内容的关注，也可以加深幼儿对故事的记忆。④合理设疑和预设包袱。在讲述较长的故事时，教师不要试图一气呵成，可以在适当的时候设置提问，或者预设包袱，这样既能起到缓冲节奏的作用，又能引起幼儿的兴趣，让他们重新集中注意力来听故事。另外，对故事的开始和结束要精心设计，引人入胜的开头可以激发幼儿聆听的兴趣，寓意丰富的结尾往往能让幼儿意犹未尽。

（二）说课能力养成

说课是一种教研活动，是教师在特定的场合，在精心备课之后，面对同行或教研人员讲述教学活动的设想及其理论依据，相互切磋，从而使教学设计趋于完善的一种教研活动。说课也可以是一种教学的艺术表现，说课不仅要说清“怎样教”，而且要说清“为何这样教”，是提高教师教学素养、增强教师教学能力的一种有效的教学活动。此外，学前教师说课必须站在理论的高度对备课作出科学的分析和解释，从而证明自己的备课是有序的，而不是盲目的；是理性的，而不是感性的。因此，学前教师的说课内容一般包括以下五个方面。

第一，说设计思路。结合幼儿的身心发展水平，依据《幼儿园教育指导纲要》等要求，简单介绍教学活动设计的思路、特色或亮点，也可简要说明教学活动设计的理论依据或理念。

第二，说教学目标。教学目标应该表述完整，即“认知—情感—能力”的目标，能正确使用表述目标的关键词。例如，表述认知目标的关键词有“明白、了解、理解、认识、掌握”等，表述情感目标的关键词有“积极、愿意、喜欢、体验、感知”等，表述能力目标的关键词有“比较、表达、辨别、交流”等。目标的表述要符合“最近发展区”原则，体现幼儿的年龄特点。

第三，说教学内容。说清楚教学内容选择的理由和基本信息，重点介绍教学内容的选择依据、内容适宜用哪些形式表现，以及与幼儿生活的联系。

第四，说教学方法。应说出怎样教以及为何要这样教，具体包括：要说出教学活动所采用的最基本或最主要的教法，以及其所依据的教学原理或原则；要说明教师的教法与幼儿的学法之间的联系；要说出突破重、难点的方法。

第五，说教学过程。教学过程是说课内容的重要组成部分，它反映了教师的教学思想、教学个性与教学风格。教学过程应该完整规范，包括导入、展开和结束三个部分；介绍教学过程时，不仅要介绍教学内容的安排，还要讲清“为何这样做”的理论依据；要重点说明教学环节展开的逻辑顺序、过渡衔接及时间安排；要对教学过程作出动态性的预测，考虑到可能发生的变化及调整对策。

总而言之，说课是教师的一项教学技能，也是教师提高业务的重要途径。在说课中，教师要树立创新的意识和勇气，敢于说出新的思路和方法，使听者得到启示，有所受益。

二、学前教师集体教育活动设计能力

集体教育活动是幼儿园教育活动的一种重要形式，它不仅是解决幼儿园师幼比问题的有效途径，还是促进幼儿有效发展的方法之一。理想的集体教育活动可以实现师幼互动，实现幼儿的有效学习以及教育内容的整合。对于一次成功的幼儿集体活动而言，如果说活动目标定位是方向，那么活动设计就是实现目标的载体。合理的教育活动设计是活动顺利完成的重要保证，它能够在教师的教和幼儿的学之间架设一座桥梁，促进每个幼儿富有个性地发展。由此可见，提高教师的教学设计能力尤为重要。幼儿园教师要提高教育活动设计能力，可以从以下几个方面着手。

（一）强化理论知识学习

第一，开展理论培训，加深对教育设计内涵的理解与认识。系统的学习能够使教师加深对教育活动设计内涵的理解，树立正确的教育教学理念，以理论指导实践，剖析问题，解决问题，从而逐步提高教育活动设计能力。

第二，改变学习方式，加深理论积淀。在学前教师的学习生涯中，听和记是最主要的学习方式，目前，教师的学习方式大多是听讲座、学习理论书籍、参加观摩活动，这些方式都是比较被动的。教师只有改变学习方式，成为主动的学习者，变被动参与为主动内化，才能提高活动设计能力。幼儿园可以经常开展“我读书，我思考”活动，定期将融入前沿教改理念、理论性较强的文章推荐给教师，倡导“读有独特见解的文章，写有深入思考的读书笔记”，积极推动大家关注教改，涉猎各种观点，学着用心去思考、理解、辨析它们的实质与精髓，引导教师边学边用，使先进的教育理念成为教师提高活动设计能力的基石。

（二）进行案例对比分析

案例来自教育实践中的真实故事，是蕴含着教育理论的典型事例，能集中反映教师在教育实践中遇到的问题、矛盾、困惑以及由此产生的想法与对策。不同的人对同一案例可能会有不同的解读，因此，它非常适于交流和探讨。可以将案例探讨作为提高教师活动设计能力的重要策略之一，精心挑选典型的、针对性强的案例，组织教师分别对目标制定、内容选择、教学方法、重难点等进行对比分析，如对“装沙子”“大桥设计师”“甜甜的招呼”“我们的心儿跳跳跳”“我的小书包”“小蛇排队”等活动，分别从目标制定、内容选择、重难点突破等方面提出问题，使教师在问题的引领下，在各种观点的交锋中，开阔思路，打开眼界，发现问题，找到差距，获得方法，明确教学设计的方向，拓宽教学设计的视角与深度，缩短理论与实践之间的距离，从而真正理解教学设计的原理与原则，集体教学设计能力也能由此得到提高。

另外，进行案例教学时要注意以下三个方面：①要兼顾不同年龄段的幼儿园教学案例。②要深度观察。组织职前教师认真观察案例中教师的教学设计，认真感受教师是如何激发幼儿的兴趣、如何合理安排教学时间、如何进行各环节的过渡与转换、如何引导幼儿思考等。③要分析研究。组织职前教师对教学案例进行分析、讨论，关注教师的教学能力是如何表现出来的。“分析教师在教学前、教学实施中的一些表现，同时记录自己的感受和困惑，根据自身需要进行模仿和修正。”[①]

（三）要加强体验与感悟

在教育实践中，有时会出现教师对幼儿的原有经验认识不足，教学设计重难点找不准，教学方法不能很好地支持幼儿的学习等现象，其原因在于对幼儿的学习特点、学习方式缺乏认真的思考和研究，对学科特点掌握不准确，对知识理解不到位，解决这些问题需从以下几个方面着手。

第一，教师要学着换位思考，去理解幼儿的想法，体验个体差异，懂得为何要尊重幼儿，以提升教育观念，转变教育行为。

第二，集体设计教育活动可以使教师体验学科特点，认识关键经验，进一步研究教材和幼儿的学习方式，研究教法与学法。通过体验感悟，反观幼儿在创作中的问题，感悟幼儿在创作中的重难点，了解幼儿的学习特点、个体差异及材料的适宜性。

第三，教师针对体验到的教学重难点寻找解决策略，并将其运用到各环节中，为幼儿的学习提供支架。

加强教研使教师重新认识了自己的教育对象。在设计教学活动之前，教师一定要研究教材、研究幼儿；让幼儿学习哪些内容、做哪些事情，教师要亲身体验、感受要教的内容及其重难点、关键点，感受材料的适宜性；教师要关注和研究幼儿，了解幼儿的原有经验、现有水平、学习特点及需求，真正站在幼儿的角度体验幼儿在活动中的感受，尊重个体差异。教师要通过研

① 薛萍．论幼儿园教师职前教学能力的培养策略［J］．吕梁学院学报，2014，4（1）：67.

究幼儿的学来确定自己的教，多方面地为幼儿的学习搭建由浅入深、由易到难的支架，由此也使自己树立正确的观念，提高教学设计能力。

（四）合理创设辨析活动

辨析活动是指教师在原有认知的基础上不断探索、实践、发现、验证、吸收、同化各种新信息，从而建构、形成自己的教育理念，实现教学智慧的升华，提高教学设计的研究能力的一种策略。首先，针对同一教学内容进行研究，对一些共性的、争议性强的问题进行归纳，提出需要大家辨析的问题；其次，教师针对需要辨析的问题进行实践研究，寻找解决问题的途径和理论依据，明确自己的观点；再次，观点相同的教师结组，对问题再次进行深入研究，验证本组的观点；最后，根据不同的观点将教师分成两个组进行辩论分析，双方不但要阐明本组的观点，说明理论依据，还要以实例说明情况，证明本组的观点。

三、学前教师艺术创作能力

（一）歌唱能力

1．呼吸

正确的呼吸方法在歌唱训练中具有至关重要的作用。它能够支撑优美动听的歌声，并使演唱字正腔圆。然而，对于初学者来说，在歌唱学习过程中常常会遇到与呼吸相关的问题，如流畅度不足、喉音过重、高音难以完成等困扰。

呼吸是一个由多个器官参与的生理运动，而歌唱的呼吸是一种需要控制的呼吸运动，它需要通过后天培养和专门训练来掌握。目前，人们普遍推崇的歌唱呼吸方法主要有三种：胸式呼吸法、腹式呼吸法和胸腹式联合呼吸法。

胸式呼吸法是初学者常用的一种方法，它主要通过胸腔的扩张和抬高来吸气，呼气时胸腔逐渐放松下沉。这种方法相对简单，但气息容量有限，控制力较弱，对于歌唱的要求较高时可能会有些吃力。

腹式呼吸法是一种较为常见的呼吸方法，它通过膈肌的运动来调节呼吸。吸气时，腹部向前膨胀，呼气时腹部逐渐收缩。这种方法相对于胸式呼吸法来说，气息更加深沉，但在速度和容量方面仍然存在一些限制。

胸腹式联合呼吸法被认为是最完善的歌唱呼吸方法。它通过横膈肌、肋肌和腹肌的协同作用来控制气息。在练习这种方法时，学生应保持放松愉快的心态，通过徐徐吸气、胸廓扩张、横膈膜下沉等动作来扩大肺的气容量。这种方法具有气息深、速度快、容量大、控制力强、声音弹性好等优势。

然而，初学者要正确运用胸腹式联合呼吸法需要经过长时间的正规严格训练。只有通过不断的练习和指导，才能逐渐掌握这种科学的呼吸方法。同时，需要注意的是，每个人的身体条件和音乐功底不同，因此，初学者在学习胸腹式联合呼吸法时应该寻求专业人士的指导和教练的帮助。他们能够根据学生的个体差异和发展阶段，为其量身制订合适的训练计划，并提供正确的歌唱技巧和指导。

在练习胸腹式联合呼吸法时，需要注重放松和正确的姿势。学生应选择一个安静、舒适的环境，并采取正确的姿势，如坐直或站立，保持身体的平衡和稳定。同时，要放松肩膀和颈部的肌肉，避免过度紧张。

在吸气过程中，要感受气息从下腹部慢慢升起，胸廓逐渐扩张。同时，横膈肌要下沉，腹部要自然鼓起，这样可以扩大肺部的气容量，提供充足的气息支撑。

在呼气过程中，要控制气息的流动，避免过快或过慢。同时，要注意声音的稳定性和连贯性，避免断断续续或突然中断。这需要练习者通过不断的反复练习，培养对呼吸的敏感性和掌握力。

需要强调的是，正确的呼吸方法只是歌唱训练的一部分。除了呼吸，发声技巧、音准、音色等方面的训练同样重要。综合运用各种技巧和方法，才能达到出色的歌唱效果。

总而言之，正确的呼吸方法对于歌唱训练至关重要。初学者在歌唱学习中常常面临与呼吸相关的问题，但通过掌握胸腹式联合呼吸法，可以克服这些问题，并享受到更好的声乐表演体验。然而，需要注意的是，正确运用呼吸方法需要经过长时间的专业指导和严格训练，只有不断地练习和积累经验，才能逐渐提升自己的歌唱水平。

2. 共鸣

动听的演唱，除了气息的支持，还需要共鸣腔体发挥作用，这样才能使声音效果更好，演唱更动人。简单而言，歌唱共鸣就是声音经过一系列通道，引起人体其他空间一起振动而形成的现象。人体的共鸣器官主要有头腔、胸腔、腹腔三大共鸣腔体。声带发声是通过气息的冲击从而引发振动发声，这种声音非常微弱，但当声音进入声音通道后，与共鸣腔体产生大量泛音，从而发生了质的变化。根据人声特点，可形成低、中、高三个不同的音区，而不同的人因为声带结构不同、共鸣腔体大小不同、共鸣腔体的使用程度不同而产生不同的声音效果。共鸣腔体的种类与声区的种类基本上是相互对应的关系，与低、中、高三个音区相对应的主要共鸣腔体分别为胸腔共鸣、口腔胸腔混声共鸣、头腔共鸣。值得注意的是，演唱实际上是三个共鸣腔体统一共鸣的结果，单纯强调任何一个腔体，都会让演唱色彩变得单调无趣。

3. 语言

歌唱是语言与音乐结合的艺术，它通过歌唱语言直观地刻画出音乐形象、传达出音乐情感。歌唱者应充分重视歌唱语言，歌唱的咬字、吐字都会对歌曲的表达产生影响，如果歌唱中吐字不清，不仅会影响歌曲的意境，还会给听众带来不适感，因此需要歌唱者在咬字、吐字上下功夫，要使歌唱的内容清楚准确地传达，避免语言含混不清。

歌唱的吐字和发音跟说话相比，吐字、发音的过程更长，就字音而言可分为头、腹、尾三部分，歌唱的吐字和发音特点是字头短、字腹长、字尾清。在歌唱中具有一定弹性的、清楚的咬字可以更好地表现音乐的节奏，让歌唱更加夸张有力，从而实现歌唱的艺术表现力。在歌唱发声中，通常把有字尾（字音的结尾部分）的音收住，即“归韵”。“归韵”做得好，就会实现歌唱的“字正腔圆”，同时要注意歌曲作品的风格不同。例如，中国歌曲和外国歌曲、艺术歌曲和民间歌曲、不同民族的歌曲等，咬字方法亦不同。总而言之，要唱好歌曲，只有掌握正确的歌唱语言才能完美地演绎歌曲。

4. 处理

歌唱是听觉艺术与情感艺术的结合，它通过语言和旋律、节奏的有机结合，通过对声音的训练、气息的控制、共鸣的运用、真假声的结合来直接反应社会生活，表达思想感情。演唱者要想更好地表达歌曲的艺术性，应认真分析歌曲，在尊重原作的基础上，大胆地创造和处理，这是对演唱者更高的要求。演唱者不仅要了解歌曲产生的历史背景、蕴含的风土人情，还要了解歌曲的内涵，甚至要增加自身阅历、拓宽知识面、提高艺术修养，从而使演唱表达出更加深刻的意境。因此，演唱者如何提高艺术修养主要从以下几个方面着手。

（1）深入生活。艺术都是在生活中创造的，且与作者的生活经验息息相关。演唱者要深入生活中，用艺术的眼光发现生活中的美、感受生活中的美。

（2）有广博的知识面。掌握科学发声方法固然重要，但声乐是一门集生理学、心理学、声学、美学、文学等学科于一体的艺术，因此除了练习声音的发声技巧外，还应该博览群书，拓宽自身的知识面，在文学、历史及其他艺术学科领域多学习，从而汲取歌唱的营养。

（3）选择适合自己的歌曲。歌曲的选择对演唱者而言较为重要。演唱者需要十分清楚自身的演唱条件，如嗓音特点、音域条件、个人气质等，从而选择适宜的歌曲进行演唱。只有这样，才能更好地运用自己的音色、音域和演唱技巧，表现歌曲之美。

（4）把握歌曲的总体风格。每一首歌曲作品都有其自身的独特性，对演唱者而言，自身的声音特点、歌唱语言的艺术处理等也构成了自身的个性，演唱者只有把两者有机结合，声情并茂地进行演唱，才能真正地打动观众。

（二）儿歌伴奏能力

儿歌伴奏要求弹奏者根据旋律即兴弹奏出伴奏音乐，它是一门集乐理、视唱、作曲、钢琴演奏等技术于一体的综合性课程。儿歌伴奏具有快捷、灵活、实用的特点，因而应用范围比较广泛。

1. 儿歌编配伴奏步骤

（1）分析与设计。将歌曲从头至尾浏览或哼唱一遍，了解歌曲的基本特点，具体如下。

第一，调式与调性。在为歌曲编配伴奏时，首先要区分歌曲的调式种类，即大调式、小调式和民族调式，不同的调式需要编配不同的和弦，此外，还要注意区分曲子的调号与结尾音。

第二，速度与节拍。编配伴奏时，不仅要注意乐谱上的速度、节拍标记，更要注意把握演唱者实际演唱的速度，这关系到和声节奏与织体的选择。

第三，形象与体裁。编配伴奏时要区别歌颂性、舞曲性、抒情性三大类形象，以确定合适的伴奏音型。

第四，结构。要区分乐段的结构，如果是多乐段结构，可以在全曲的呈示、展开、高潮、结束部分做伴奏音型织体的变化。

（2）编配和声

第一，和弦的种类。在自然音阶中的每一个音上都有可能建立一个大三和弦、一个小三和弦、一个增三和弦、一个减三和弦、一个大小七和弦、一个小七和弦等。

第二，和弦的色彩。和弦因其纵向结构不同而具有不同的音响色彩，其根据色彩可以分为两类。第一，明亮色彩类：大三和弦、增三和弦、大小七和弦。第二，暗淡色彩类：小三和弦、减三和弦、小七和弦。

第三，和弦的协和度。从音响的协和程度方面，可以将和弦分为三类。第一，协和和弦：大三和弦、小三和弦。第二，较协和和弦：大小七和弦、小七和弦。第三，不协和和弦：增三和弦、减三和弦（不常用）。

第四，和弦的选择。大调歌曲一般比较欢快、活泼、热情，在为其选配和弦时，应以色彩明亮的大三和弦为主，慎用小三和弦。小调歌曲一般比较温婉、优美、抒情，在选择和弦时，应以色彩暗淡的小三和弦为主，慎用大三和弦。

（3）伴奏音型。伴奏音型从发声特点上可以分为三类。第一，柱式音型：各个组成音同时弹奏发出声音（适用于力度较强的歌颂性体裁的歌曲）。第二，半分解音型：使和弦的低音与另外几个音交替出现（适用于欢快、跳跃、节奏鲜明的歌曲）。全分解音型：各个组成音依次发音（适用于抒情性体裁的歌曲）。

2. 大小调正副三和弦

（1）任何一个调性的Ⅰ、Ⅳ、Ⅴ级上建立的三和弦都称为“正三和弦”。

（2）任何一个调性的Ⅱ、Ⅲ、Ⅵ、Ⅶ级上建立的三和弦都称为副三和弦。

（3）儿歌中的和弦编配一般以正三和弦为主。为了避免和声重复，在同一个正三和弦重复出现时可以用同功能组的副三和弦代替。

（4）Ⅰ级和弦“叫主和弦”。Ⅳ级和弦叫“下属和弦”。Ⅴ级和弦叫“属和弦”。主功能组的和弦有Ⅰ、Ⅲ、Ⅵ。下属功能组的和弦有Ⅱ、Ⅳ、Ⅵ。属功能组的和弦有Ⅵ、Ⅴ、Ⅶ。

3. 前奏、间奏与尾奏

（1）前奏是歌曲声乐部分进入之前，由钢琴或其他乐器演奏的那一部分旋律。

（2）间奏是指歌曲的乐段或乐句之间具有承前启后作用和对音乐发展起贯穿作用的那一部分旋律。

（3）尾奏也叫“尾声”，是歌曲旋律结束前或结束后用钢琴或器乐演奏的旋律或音型。尾奏分为同步的尾奏和音阶式进行的尾奏。

儿歌伴奏是创作与表演相结合、思维与感觉相结合的音乐表演活动，幼儿园教师一定要掌握好相关的知识和技能，以利于教育教学工作的开展。

（三）儿歌弹唱能力

从“幼儿歌曲弹唱”中，我们可以得到两个关键词：“幼儿歌曲”和“弹唱”。关于幼儿歌曲弹唱，首先应该注意的是“幼儿歌曲”的选择，然后才是“弹唱”的技巧。因此，幼儿歌曲弹唱的技能技巧最终是为了更好地帮助幼儿进行歌曲演唱。

1. 歌曲的选择

幼儿的认知水平与自身的年龄特点是相匹配的，因此在选择歌曲时，首先要选择该年龄段幼儿喜欢和熟悉的事物，如动物、植物、自然现象、交通工具等；其次要选择歌曲的歌词内容、语法等是能被其理解的，否则很难引起共鸣；再次要选择歌曲结构简单的，例如，句子中所含词汇较少，语法单纯，句子的长度、结构、节奏等方面相同或相似，甚至在旋律、节奏、歌词等方面有较多相同的地方，方便幼儿理解记忆，并能为幼儿进行创造性歌唱提供机会。

不同年龄段幼儿自身嗓音发展的水平也不同，应根据幼儿嗓音发展水平选择适合的歌曲，这也是选择歌曲的标准之一。通常情况下 3 ～ 6 岁幼儿可以演唱的音域为小字一组的 c1~ 小字二组的 c2，具体可根据幼儿实际嗓音发展水平作相应调整，因此在歌曲选择上，还应注意音域的大小。

2. “唱”的技能

关于“弹唱”，可以从字面上将其理解为“弹”和“唱”的组合，要想“唱”好，首先需要我们熟练地掌握“弹”的技能。

“弹”要弹得准确。我们应熟知与弹奏相关的乐理知识，音阶、节奏、节拍、调、和弦、调式、移调等都与“弹”密切相关。熟知这些乐理知识，能更好地帮助我们分析歌曲，从而找出正确的和弦，并以适合歌曲情感的方式进行不分解、半分解、全分解、琶音、无旋律伴奏等，为歌唱提供准确、和谐、优美的伴奏。在弹唱中，“弹”除了可以帮助幼儿感知歌曲的旋律以外，其前奏、间奏还起着承上启下的重要衔接作用，好的前奏和间奏能给幼儿的演唱下达一个良好的“预令”，让幼儿有心理准备而获得心理安全感，这是保证幼儿好好歌唱的前提，同时为演唱固定音高。

我们在实践中发现，伴奏的速度、伴奏织体的难易程度，也是幼儿歌曲弹唱中应注意的问题。教师按照以下流程进行儿歌弹唱活动，更易于幼儿学习和记忆。这种教学流程更加符合幼儿的年龄和学习特点，目标明确，记忆负担轻，能更好地帮助幼儿进行歌唱学习。

（四）儿童舞蹈创编能力

儿童舞蹈是指由儿童表演或反映儿童生活、表达儿童情趣的舞蹈。儿童舞蹈是对儿童进行德、智、体、美、劳全面发展教育的重要手段，是一种形象生动、富有感染力、易于儿童接受的艺术形式。儿童舞蹈不同于成人舞蹈，在舞蹈的动作节奏、语言以及表演的形式和风格上都有不同的表现形式。

1. 创编儿童舞蹈的选择

（1）舞蹈题材的选择。创编儿童舞蹈时，先要选择具有童真、童趣的舞蹈题材。要从儿童的身心发展特点和实际需求出发，使舞蹈作品突出艺术特色。舞蹈的内容要有明显的思想性、教育性和趣味性。儿童天生具有爱玩、爱动和爱幻想的特点，他们对身边的一切事物都很好奇，特别是对小动物，甚至把它们当成好朋友。针对儿童的这些特点，就有了舞蹈创编中各种有趣的动作设计，可以使儿童更加快乐主动地学习舞蹈。

（2）舞蹈语言的选择。儿童正处于生长发育期，骨骼软，易变形；肌肉弹力小，容易疲劳；大脑发育迅速，兴奋过程强于抑制过程，注意力持续的时间较短。这些生理特点决定了儿童在做舞蹈动作时控制力、节奏感和平衡性都比成人弱。因此，创编儿童舞蹈要回避过于复杂的动作和高难度的技巧，使儿童能通过简单、形象化的舞蹈语言来表达对事物的态度和情感，如用噘嘴、跺脚、捧腹大笑等简单的动作来表达情绪。

（3）舞蹈动作的选择。儿童的弹跳力比较好，因此，快且重复的动作比较适合他们，慢而舒缓的动作效果可能不太理想。此外，儿童的情绪变化无常，他们忽而吵闹，忽而安静，因此，儿童舞蹈的动作要较为短促，节奏要快。

（4）舞蹈音乐的选择。应尽量选择节奏欢快、节奏感鲜明的儿童音乐（如带有童谣的音乐）作为儿童舞蹈的伴奏，这样比较容易引起儿童的兴趣和情绪上的共鸣。而且，节拍强的音乐能对儿童动作的快慢缓急起到提醒作用，便于儿童掌握。

2. 教授儿童舞蹈的方法

教师在教学过程中，对整个舞蹈要思路清晰。首先，示范动作要准确，要有充沛的感情和生动的语言指导。教授儿童舞蹈动作时，一定要讲清楚动作的要求、规格和要领。要注意儿童的接受能力，应该在儿童把前一个动作做到位后再教下一个动作。在教授动作的同时，教师要把节拍数清楚，这点很重要。其次，要学会观察，了解每个儿童学习动作的特点，确保大家都能掌握动作要领。最后，要有意识地引导儿童进行创编。儿童随着音乐自由创编的动作更富于童趣，他们会通过动作把真正的想法表达出来，舞出他们的感情，舞出舞蹈的内涵。

四、学前教育教师环境创设与利用能力

学前教育是孩子们最早接触的教育环境，对于他们的成长和发展具有重要的影响。而学前教育教师在这个过程中扮演着重要的角色。教师的环境创设与利用能力培养对于提供一个良好的学习氛围、激发孩子的学习兴趣和发展潜能至关重要。

（一）环境创设与利用能力的作用

第一，学前教育教师的环境创设能力对于创造一个有利于学习和成长的环境至关重要。教师应该具备设计和布置教室的能力，使之成为一个丰富多样、温馨舒适的学习场所。他们需要考虑到空间布局、色彩搭配、材料选择等方面，以创造一个启发孩子想象力和创造力的环境。例如，教师可以设置角色扮演区域、图书角、艺术区等，以满足孩子们的不同学习需求。此外，教师还应该注意环境的整洁和安全，确保孩子们能够在一个安全、健康的环境中学习和玩耍。

第二，学前教育教师需要善于利用环境来促进孩子的学习和发展。教师应该充分了解孩子们的兴趣、需求和能力，以便能够合理利用环境资源进行教学。他们可以通过创设情境、提供丰富的学习材料和玩具等方式，激发孩

子们的好奇心和求知欲。例如，在教授自然科学的时候，教师可以带孩子们到室外进行观察和实地探索，让他们亲身体验自然界的奇妙之处。此外，教师还可以通过组织小组活动、提供合作学习机会等方式，培养孩子们的社交技能和团队合作精神。

第三，学前教育教师的环境创设与利用能力还需要与家长和社区合作。家庭和社区是孩子们成长的重要环境，教师应该与家长和社区保持密切的合作和沟通。教师可以邀请家长参与学前教育的环境创设，共同打造一个家校合作的教育环境。他们可以共同探讨教室布置、学习材料选择等问题，以确保教室环境能够满足孩子们的需求。此外，教师还可以积极与社区资源进行合作，如图书馆、博物馆、艺术机构等，以丰富孩子们的学习体验和开阔他们的视野。

（二）环境创设与利用能力的提升

要提升学前教育教师的环境创设与利用能力，以下是一些方法和策略。

第一，继续学习与专业发展：教师应该不断提升自身的专业知识和技能，关注学前教育领域的最新研究和教学方法。参加教育培训、研讨会和专业交流活动，与其他教师分享经验和心得，以不断提高自己的环境创设与利用能力。

第二，观察与了解孩子：教师应该仔细观察每个孩子的兴趣、需求和能力，了解他们的学习风格和发展特点。通过与孩子们的互动和交流，教师可以更好地理解他们的需求，有针对性地进行环境创设和资源利用。

第三，多样化的学习材料和活动：教师应该提供多样化的学习材料和活动，以满足孩子们的不同学习需求和兴趣。这可以包括图书、玩具、游戏、艺术品等，通过创造丰富多样的学习环境，激发孩子们的学习兴趣和想象力。

第四，鼓励探索和自主学习：教师应该鼓励孩子们进行主动探索和自主学习，提供自由的学习环境和机会。例如，教师可以设置探索区域，让孩子们自由选择感兴趣的学习内容，并通过提供指导和支持，引导他们进行探索和发现。

第五，与家长和社区合作：教师应该积极与家长和社区进行合作，共同关注孩子们的教育成长。与家长保持定期沟通，分享孩子的学习情况和进展，征求家长的意见和建议。同时，教师可以与社区资源进行合作，利用外部资源丰富学前教育的环境创设。例如，邀请专业人士来讲座或工作坊，组织社区参观活动等。

第六，反思与改进：教师应该经常进行环境创设与利用能力的反思与改进。通过观察和评估学生的反应和学习效果，教师可以了解到自己的优点和不足，及时进行调整和改进。此外，与其他教师进行经验交流和合作，互相学习和分享经验，也能够帮助教师提升环境创设与利用能力。

五、学前教育教师沟通与合作能力

沟通与合作能力是生活中不可缺少的一种能力，尤其对于学前教育教师而言更是尤为重要。教师工作中面对的是纯真无邪的幼儿、他们的家长以及平日里相亲相爱的同事，如何顺利地开展各项工作都离不开教师的沟通与合作能力。

（一）沟通与合作能力的意义

第一，促进与幼儿的有效沟通：学前教育教师需要与幼儿建立良好的沟通关系，理解他们的需求、兴趣和情感。通过有效沟通，教师可以更好地了解幼儿的学习进展，以提供个性化的教学和支持。

第二，与家长建立合作关系：学前教育教师需要与家长建立积极的沟通和合作关系。通过与家长的有效沟通，教师可以了解幼儿的家庭背景、家庭价值观和家长对幼儿教育的期望，从而更好地协调家校合作，共同促进幼儿的全面发展。

第三，与同事合作协作：学前教育教师通常在团队中工作，与其他教师、教育助理和管理人员进行合作。良好的沟通和合作能力可以促进团队内部的有效协作，实现教学目标和提供高质量的学前教育。

（二）沟通与合作能力的培养

1. 与家长搭建沟通与合作的桥梁

教师深知家园共育的重要性，充分认识家长的支持与合作有利于激发幼儿学习的动机，更好地让幼儿适应幼儿园生活。专业的幼儿园教师要能够善于与家长进行有效的沟通交流，通过各种途径以及形式向家长提供幼儿园相关教育信息以及幼儿在园取得的点滴进步，耐心倾听家长的意见看法，遇到问题及时与家长沟通交流协商，针对幼儿的个体差异水平，制订适应其个体需要的教育方案，建立长期有效的沟通桥梁。

2. 与同事建立沟通与合作的关系

幼儿园教师工作的顺利进行离不开平日里朝夕相处的同事。“每一位专业的幼儿园教师都应善于与同年级组以及配班教师进行基本的工作沟通交流，共同分析和判断幼儿的特点，需求和经验水平，共同协商制订适宜的教育计划和方案。”①

六、学前教育教师激励与评价能力

学前教师在幼儿教育中扮演着至关重要的角色，他们不仅需要传授知识，还需要激励和评价幼儿的学习与发展。学前教育教师的激励与评价能力对于幼儿的成长和学习具有重要影响。

教师激励与评价能力的重要性体现在以下三个方面：①激发学习动力：学前教育教师的激励能力可以激发幼儿的学习动力和兴趣。通过合适的激励方法，教师可以激发幼儿的好奇心、探索欲和积极性，使他们更主动地参与学习活动。②培养自信心：激励能力可以帮助幼儿建立自信心和自尊心。通过积极的鼓励和肯定，教师可以帮助幼儿发现自己的优势和潜力，培养他们的自信心和积极态度。③促进个性化发展：学前教育教师的激励能力可以帮助幼儿实现个性化的学习目标和发展需求。教师可以根据幼儿的兴趣、能力和学习风格，提供适合他们个体差异的激励方式和学习资源。

教师激励与评价能力的养成需做到以下几个方面：

第一，了解幼儿个体特点：学前教育教师应该深入了解每个幼儿的个体特点、兴趣和需求。通过观察、记录和与幼儿互动，教师可以更好地了解幼儿的学习风格和偏好，从而提供个性化的激励方式。

第二，提供积极的反馈与肯定：学前教育教师应该及时、准确地给予幼儿积极的反馈与肯定。通过鼓励和表扬幼儿的努力和成就，可以增强幼儿的自信心和动力，激发他们的学习热情。同时，教师还应该关注幼儿的进步和成长，给予具体和有针对性的反馈，帮助他们理解自己的优点和改进方向。

① 王乐．浅谈提高幼儿园教师沟通与合作能力的方法［J］．天天爱科学（教育前沿），2020（8）：27.

第三，创设积极的学习环境：学前教育教师应该创设积极的学习环境，激发幼儿的学习兴趣。教师可以提供多样化的学习材料和活动，鼓励幼儿主动参与，并通过游戏、故事、音乐等方式增强学习的趣味性和吸引力。此外，教师还可以鼓励幼儿之间的合作和互动，培养团队合作精神和社交技能。

第四，设置可达成的目标：学前教育教师应该与幼儿一起制定可达成的学习目标。目标应该具体、明确，并符合幼儿的能力水平和发展需求。教师可以与幼儿一起制定小目标，逐步挑战并取得成就。同时，教师应该提供必要的支持和指导，帮助幼儿实现目标。

第五，与家长合作：学前教育教师应与家长建立积极的合作关系，共同关注幼儿的学习与发展。教师可以与家长定期沟通，分享幼儿的学习进展和成就，共同制定激励策略和评价标准。家长的支持和参与可以增强幼儿的学习动力和自信心，使教师的激励与评价更加有力有效。

第六，持续专业发展：学前教育教师应保持持续的专业发展，不断更新激励与评价策略。教师可以参加专业培训、研讨会和交流活动，与同行分享经验和最佳实践。通过不断学习和提升自身的专业知识和技能，教师能够更好地应对不同幼儿的需求，并掌握更多的激励和评价方法。

第七，学习心理学知识：了解学习心理学的基本原理和理论，对于学前教育教师培养激励与评价能力至关重要。学习心理学可以帮助教师理解幼儿的认知和情感发展，以及激励与评价对学习动机和成就的影响。通过学习心理学知识，教师能够更加科学地设计激励策略和评价标准，提高幼儿的学习效果。

第八，建立个体化评价系统：学前教育教师应该建立个体化的评价系统，针对每个幼儿的学习和发展制定适当的评价方式。这包括观察记录、作品展示、口头反馈等多种评价方法，以全面了解幼儿的学习成果和进步。教师还可以与幼儿一起制定学习目标，并进行自我评价，鼓励幼儿主动参与自我评价过程。

第九，培养反思能力：学前教育教师应培养自身的反思能力，及时反思自己的激励与评价方法的有效性。通过定期回顾和评估自己的激励与评价实践，教师可以发现自己的优点和需要改进的空间，并不断提升自己的激励与评价能力。

第十，建立合作学习环境：学前教育教师应鼓励幼儿之间的合作学习，通过小组活动、合作项目等方式促进幼儿之间的互动和合作。在合作学习中，教师可以设立团队激励和评价机制，鼓励幼儿共同努力、相互帮助，分享学习成果和荣誉。这种合作学习的环境能够激发幼儿的团队精神和合作意识，同时为教师提供了更全面的评价依据。

第十一，不断反思和改进：学前教育教师应该保持持续的反思和改进态度。在实践中，教师可以不断尝试不同的激励与评价策略，并及时反思其有效性和适应性。通过收集反馈意见、观察幼儿的反应和成长情况，教师可以调整和改进自己的激励与评价方法，以更好地满足幼儿的学习需求。

第十二，与同行交流与合作：学前教育教师可以积极参与同行交流和合作，与其他教师分享自己的激励与评价经验，并借鉴他人的成功实践。通过与同行的合作，教师可以互相启发，共同探讨激励与评价的有效策略，提升自己的专业能力。

学前教育教师的激励与评价能力对幼儿的学习和发展起着重要的作用。通过了解幼儿个体特点、提供积极的反馈、创设积极的学习环境、与家长合作、持续专业发展和建立个体化评价系统，教师可以培养和提升自身的激励与评价能力。同时，通过培养反思能力、建立合作学习环境和与同行交流与合作，教师能够不断完善激励与评价实践，为幼儿提供更好的学习体验和发展支持。

七、学前教育教师反思与发展能力

学前教育教师在幼儿教育中扮演着重要角色，他们不仅需要传授知识，还需要不断反思和提升自身的专业素养。学前教育教师的反思与发展能力对于提高教学质量、满足幼儿学习需求至关重要。学前教育教师反思与发展能力有以下三个作用：①提高教学质量：学前教育教师的反思与发展能力可以帮助他们评估自己的教学实践，发现问题和不足，并及时进行调整和改进。通过反思和发展，教师能够不断提高自身的教学技能和方法，提供更有效的教育服务。②适应幼儿需求：幼儿的学习和发展是一个动态的过程，学前教育教师需要不断关注幼儿的需求和变化。通过反思和发展能力，教师可以更好地了解幼儿的特点和学习风格，调整教学内容和方法，以满足幼儿的学习需求。③个人成长与职业发展：反思与发展能力对于学前教育教师个人的成长和职业发展至关重要。通过不断反思和改进自己的教学实践，教师能够提升自身的专业素养，增加教学经验，拓宽教学领域，为自己的职业发展奠定坚实的基础。教师反思与发展能力的养成策略具体如下。

第一，定期反思教学实践：学前教育教师应该定期进行教学实践的反思。教师可以通过记录和回顾教学过程、观察幼儿的学习表现和反馈，分析自己的教学方法和效果。在反思过程中，教师应提出问题、寻找改进的可能性，并制订行动计划来解决问题和提升自己的教学能力。

第二，寻求反馈和意见：学前教育教师应该主动寻求他人的反馈和意见。这包括与同事、家长和学生进行交流和讨论，听取他们对自己教学的看法和建议。通过接受他人的反馈，教师可以从多个角度审视自己的教学实践，并找到改进的方向。

第三，参与专业发展活动：学前教育教师应积极参与专业发展活动，如参加教育研讨会、工作坊和培训课程等。这些活动提供了学习和交流的平台，教师可以与其他教师分享经验、借鉴最佳实践，并了解最新的教育理论和方法。通过不断学习和专业发展，教师可以扩展自己的知识和技能，提升反思与发展能力。

第四，建立合作学习社区：学前教育教师可以建立合作学习社区，与其他教师形成互助和支持的网络。这可以包括与同事组建教学研究小组、参与在线教育平台或社交媒体上的教育讨论组等。在这个社区中，教师可以分享经验、讨论问题、提出挑战，并共同寻找解决方案，促进个人和集体的反思与发展。

第五，持续学习和自我提升：学前教育教师应保持持续学习的态度，不断更新自己的知识和教学技能。教师可以通过阅读教育相关的书籍、研究论文和教学资源，参加在线课程或获取专业认证等方式，不断丰富自己的教育知识和教学技巧。同时，教师也可以参与教育研究项目或撰写教育文章，从研究和写作中深化对教学的理解和反思。

学前教育教师反思与发展能力的培养是提升教学质量和满足幼儿学习需求的重要途径。通过定期反思教学实践、寻求反馈和意见、参与专业发展活动、建立合作学习社区以及持续学习和自我提升，教师可以提升自身的反思与发展能力。这将使他们能够更好地适应幼儿的需求，提高教学效果，促进个人和职业的成长。同时，学校和教育机构的支持也是培养教师反思与发展能力的关键，只有共同努力，才能更好的做好学前教育。

第二节 学前教师的培训体系构建

一、学前教师的职前培养体系构建

随着时代的发展和社会对学前教育教师素质要求的不断提高，高等院校特别是师范院校基于其在学术和人力资源方面的优势，在学前教师职前培养中发挥着越来越大的作用，逐渐成为学前教师培养的重要机构。目标决定过程，内容决定形式，因此，为了培养出社会发展所需要的学前教育师资，学前教师培养在人才培养模式、教学方法、教学质量评价、人才管理制度等方面进行了大胆的探索与实践，通过人才培养途径与机制的创新与突破，力求培养出高质量的学前教育师资队伍。

（一）分层人才培养模式的创新构建

近年来，随着高等教育大众化的发展，高校招生规模的不断扩大，录取率的提高，高校生源越来越多元化，学生之间的差异也越来越大，教师教学难度增加，给教学质量也带来了影响。在学前教育中，这些问题具体体现在两个方面：一是同一年级、同一班级学生之间在基础知识、能力、兴趣和意愿等方面差异明显；二是生源类型多，有普高毕业生、职高毕业生和五年一贯制学生，他们在知识结构、专业基本技能、对专业的认识度等方面均存在较大的差异，使得教师教学难度日益增大，如何解决由于生源状况复杂出现的教育质量问题是当前高校学前教育专业在人才培养过程中需要认真思考的问题。

1. 制订分层并且有效的教学计划

针对普高生、职高生、初中起点的五年制学生在知识结构、学习方法、专业认知度等方面的差异，可以分别制订针对他们的三套不同的专业教学计划。在毕业时“准出”标准要求一致的前提条件下，在课程设置、教学内容、教学要求等方面都有针对性的变化。

在课程设置上力求小型化、模块化。首先，为保证人才培养的质量和专业特性，应设置三类生源都必须有共同学习的课程模块。其次，根据三种生源的特征差异，设置适合他们的课程模块，如针对职高生文化基础和文字表达能力较差的现实，在职高生的教学计划中设置适合他们的文化课程模块和文字训练课程模块；针对普高生艺术类技能和表现力较弱的特点，在普高生的教学计划中艺术技能课程应增强；针对五年制学生艺术类技能强、文化基础扎实而教育教学技能弱的特点，在五年制教学计划中增强教育教学技能课程。在教学内容、教学方法和教学要求上实行有针对性的区别对待，强调因材施教、个性发展和综合培养，力图通过完善的教学计划来保障人才培养质量的提高。

2. 实行专业基础课程的分级教学

根据三类生源的不同，一些主要的专业基础课程，如“大学英语”“普通话”、教法课程、艺术类提高课程、专业理论课程等实行分级教学，制定不同的学习目标、学习内容和课外练习与拓展知识，加强教学的针对性与有效性。如在“大学英语”和“幼儿园英语教育”这两门课程学习过程中，根据三类生源在英语基础方面的差异，对职高班学生、五年制学生只要求教学大纲的内容，达到当地关于高职高专毕业生在英语方面的要求就可以，让这些基础比较差的学生树立学习的信心，顺利完成学业。对英语基础较好的普高生，则要求在达到基础教学目标的前提下，完成提高性的目标，即通过国家大学英语四级或六级考试，并能科学、合理地组织幼儿园英语教学活动。

（二）革新以学习者为中心的教学方法

教学是培养学生的主要途径，而科学、适宜的教学方法是提高教学质量的重要保障。教学方法本来是多种多样的，教师可以根据不同的教学任务、教学内容和教学对象，采用不同的教学方法。可是，长期以来高校许多教师更加关注资讯权威者的形象，习惯“扮演”信息加工者和发布者角色。在教学中，特别是专业理论课程教学过程中，只是单纯地讲授。这种单一的教学方法，使高校课堂教学缺乏积极的师生互动，这样的灌输教学无法培养出创新型的人才，也不能发挥学习者的自主性和积极性。学前教育专业积极尝试以“学习者为中心”的学习及评价方式，关注幼儿的进步和需要，课程与教学强调以“学习者为中心”，随着教师角色发生变化，灵活选择与运用多样化的教学策略，促使幼儿在学习过程中学习态度更为主动。

1. 以学习者为中心的教学方法

以学习者为中心的理论课程教学策略改革实施以来，通过课堂示范讲解与自主学习相结合、学生与教师互动、课内与课外贯穿、理论与实践一体等形式完成课程教学任务，在调动学生的学习积极性、增强学生的自主学习能力、改革传统教学模式、提高教学质量方面取得了预期效果，学生反响良好。

（1）读书计划。学前教育教师的职业特点要求他们的知识结构非常“杂”，对语言、社会、科学、艺术、健康五大课程领域的知识都必须有所了解，以促进儿童的全面发展。在实际教学中，学前教育专业学生普遍存在缺乏主动学习意识、知识面较窄、专业书籍阅读水平参差不齐、主动读书的意识差等问题，影响课堂教学质量。因此，为培养合格的学前教育教师，应在专业课程教学过程中，积极推行读书计划活动，把课外书籍的阅读与专业教学紧密地结合起来，旨在通过读书计划，扩大学生专业知识面，提升学生理论和实践水平，全面提升学生的教师素养。

第一，拟定读书目录。要求每名学生每学期从教师提供的书目中至少选择四本书来精读（教师提供的书目是分院全体教师共同讨论拟定，包括专业知识部分和普通知识部分），如《窗边的小豆豆》《给教师的一百条新建议》《多元智能》《心理育儿》《卡尔威特的教育》《儿童的一百种语言》《爱的教育》《上下五千年》《中国通史》以及中国的四大名著、外国文学作品等。

第二，读书实施形式。读书形式以自学为主，但教师定期以小组或寝室为单位组织学生开展读书心得交流、经验与感悟交流、学生间好书推荐等活动，激发读书兴趣，启迪智慧。

第三，读书学习档案袋。为每一名学生制作一个读书学习档案袋，要求学生把在读书过程中的读书感悟、随笔、批注以及书中的经典语句用小卡片记录下来，按照时间顺序或书籍的顺序装订成小册子，形成反映思想变化轨迹的读书学习档案袋。

第四，撰写读书报告。学期末每名学生必须撰写两篇格式规范的读书报告参加交流、展示、评比活动，毕业时把六个学期的读书报告装订成册，作为自己的精神财富好好保存。

第五，评价。每学期末教师组织学生进行读书报告交流、展示活动，并组织专业教师对读书报告进行评价，给予优秀的读书报告者一定的精神和物质奖励。

（2）小组合作学习。在专业理论课程教学过程中，积极推行体现以学习者为中心的小组合作学习教学策略改革。专业理论课程教师在对所教授的课程内容体系进行分析处理之后，把教学内容分为两大部分：一部分由教师讲授；另一部分内容由学生通过小组合作学习形式来完成。小组合作学习教学形式能培养学生主动投入学习的意识、收集和运用信息的能力、语言表达能力、倾听能力、沟通能力、团队合作能力以及耐挫能力（端正面对反对意见乃至反击观点的态度）等。

第一，成立小组，明确任务。小组合作学习法以每一寝室为一个单位建立小组，并经过组内讨论，分别确定小组长（全面负责各项工作，负责召集组内会议）、副组长（负责收集每人查找的资料，并将其制作为 PPT）、记录员（负责记录每一位学生参加会议次数，开会时的发言情况以及递交备课材料的质量）、汇报人（以课堂授课的形式将组内收集的材料和制作的 PPT 展示给大家）、计时人（负责开会时的计时和汇报人授课时的计时，并及时提醒对方时间）和自由人（随时补充以上角色的功能，并负责在小组教学后协助记录员整理记录的原始材料，并进行小组自评工作），这一环节主要是让学生体会团队的作用，以及培养每一位学生的主人翁态度。

第二，选取章节，认真备课。每一小组选取由教师提供的学习内容进行备课、授课。每一小组在教师的指导下，确立教学内容的教学目标，小组长根据总的教学目标制作 5 ~ 6 个小目标，分配给小组成员去完成，让小组中每人均能根据自己的小目标去收集资料，认真备课。小组成员最后将收集的备课材料交给副组长和记录员，以供他们制作 PPT 和评分。此环节主要培养学生主动参与学习的能力、占有和运用信息的能力、沟通能力等。

第三，学生授课，生生互动。汇报人授课时间控制在 20 分钟内，超出规定时间要酌情扣分。当汇报人根据组内所有同学的备课资料以及对照 PPT 给全班同学讲课后，其他小组同学根据汇报人的内容进行提问，该小组全部成员负责答疑，学生之间的提问和答疑时间控制在 15 分钟左右。教师根据学生提问和答疑情况给予一定的分数。此环节主要培养学生倾听的能力和语言表达的能力等。

第四，师生点评，全面提高。每组学生根据教学目标、备课和授课等情况进行自评，其他小组成员点评，最后教师点评。点评时间约 10 分钟。该环节主要培养学生的耐挫能力、批评和自我批评等能力。

2. 以学习者为中心的教学策略

以学习者为中心的教学是指，以学生为学习活动的主体，通过多样化的教学活动，引发学生学习兴趣，激励学生主动学习、丰富生活内涵，增进学生创造性思考、问题解决及适应社会变化能力的教学活动。

以学习者为中心的教学策略是指，根据课程性质的不同，打破传统理论课程教师“一言堂”讲授、学生被动接受知识的模式，课堂教学选择运用示范教学法，问题解决法、小组讨论法、合作学习法、心理剧演出、活动式教学法、开放课堂、读书计划、头脑风暴、课堂交流、观摩评课等多种方式，吸引学生积极参与教学活动，成为教学活动的中心，以增进学生主动学习，创造性思考、问题解决及互助合作等能力的教学。

在课程考核方面，以学习者为中心的理论课程主要根据学生完成学习任务的情况，采用不同的考核方式，如小组合作成果、课堂展示、读书报告、档案袋评价等，且期末考试成绩比重不超过 70%。

（三）建构综合性课程教学评价与反馈体系

作为课程教学干预的决策基础，课程教学评价应该遵从评价主体平等原则，在此课程教学评价理念下，我们对学前教育专业课程教学评价方式和内容进行了改革，强调过程性评价，强调在评价过程中学生主动参与、教师与学生平等对话，最终促进教学质量的提高和学生的全面发展。

1. “笔试 + 小组合作学习 + 读书报告”的评价模式

在学前教育专业课程教学过程中，为了改变传统的课堂教学中教师“满堂灌”的现状，促进学生主动学习，培养学生的综合能力，我们对传统的通过一张试卷测试学生的记忆能力和文字处理能力的终结性课程教学评价形式进行了改革，要求所有专业课程，特别是专业理论课程的教学评价都采用“笔试 + 小组合作学习 + 读书报告”相结合的综合性评价模式。

在综合性评价体系中，学生每门课程的最终考核成绩由“笔试成绩”“小组合作学习成绩”和“读书报告成绩”三部分构成，在总成绩中“笔试成绩”占 50%，“小组合作学习成绩”占 25%，“读书报告成绩”占 25%。通过“笔试”考试，使学生掌握了本门课程的基本概念、基本原理等基础知识：通过“小组合作学习”，能培养学生主动投入学习的意识、收集和运用信息的能力、语言表达能力、倾听能力、沟通能力、团队合作能力以及耐挫能力（端正面对反对意见乃至反击观点的态度）等；通过“读书报告”，扩大学生专业知识面，提高学生的文字运用能力。

2. 毕业生质量的跟踪和调查

毕业生质量即所培养的专业人才被社会的认可度和服务社会的水平。为促进学前教育专业建设的发展，提高教育质量，我们在加强学校内部教育教学质量监控的同时，也应关注社会和用人单位对毕业生的评价，实行毕业生质量跟踪调查制度，依据毕业生质量反馈信息促进教育教学改革。

毕业生质量跟踪调查方法是三年为一个周期，通过《学前教育专业毕业生就业满意调查表》和《学前教育专业毕业生用人单位满意度调查表》两份调查问卷对山东教育学院学前教育专业毕业生的发展状况进行跟踪调查。前一份问卷由毕业生填写，后一份问卷由用人单位填写，均采用不记名的方式。

《学前教育专业毕业生就业满意调查表》的调查内容包括单位性质、变换单位的情况及原因、目前薪金水平和福利待遇及满意程度、对现从事工作岗位的总体满意程度、对工作条件（人际关系等）及氛围的满意程度、认为自己的可持续发展能力、认为自己在当前单位的稳定期、对专业课程设置的满意度、对专业课程教学内容与方法手段的满意度、综合能力培养满意度十个方面。《学前教育专业毕业生用人单位满意度调查表》的调查内容包括思想品质、工作态度、身心素质、专业知识技能、职业素质、实际动手能力、团队精神、沟通交往能力、创新能力、发展潜力十个方面。

根据毕业生质量跟踪调查的相关信息，可合理调整专业建设目标定位，优化人才培养模式，调整与完善专业课程设置，改革教学内容与教学方法，加强实践动手能力与创新能力的培养，加强职业道德教育，加强职业生涯规划教育与择业观教育等，以培养出高质量、满足社会需要的专业人才。

二、学前教师的职后培训体系构建

学前教育教师职后培训体系的构建对于提升教师专业素养、适应教育发展需求具有重要意义。学前教育教师职后培训应该具备系统性、综合性和个性化的特点，以满足教师在实践中不断提升的需求。

（一）学前教师职后培训体系构建的要素

第一，制定明确的培训目标和规划。职后培训体系应该明确培训的目标和内容，以确保培训的针对性和有效性。培训目标可以包括教师的专业知识和技能、教育教学理念和方法、教师发展与成长等方面。在培训规划中，可以根据不同的教师职务、经验和发展阶段划分培训层次和内容，为教师提供个性化的学习路径。

第二，多样化的培训形式和方法。培训应该通过多种形式进行，包括面对面培训、研讨会、工作坊、远程教育等。同时，结合实践和案例分析等方法，使培训更加贴近教师的实际工作。培训还可以通过教育技术手段，如在线学习平台、教学视频等，提供灵活的学习资源和学习方式，满足教师随时随地学习的需求。

第三，专业师资队伍的建设。建立一支高素质的培训师资队伍，包括教育专家、学者、优秀教师等，他们具备丰富的教学经验和专业知识，能够为教师提供专业指导和支持。培训师资应具备教育背景和实践经验，熟悉学前教育领域的最新发展，能够将理论知识与实践经验结合起来，为教师提供有针对性的培训服务。

第四，学前教育政策和教育机构。政府和教育部门可以出台相关政策和规定，明确学前教育教师的职后培训要求和标准。教育机构可以设立专门的培训部门或机构，负责组织、管理和评估职后培训工作。培训体系应该与学前教育的教学目标和发展方向相契合，确保培训内容和方法能够有效地提升教师的教育教学水平。

第五，建立评估和反馈机制。通过定期评估和反馈，可以了解教师的培训需求和效果，及时调整培训内容和方法。评估可以包括教师的教学表现、学生的学习成果、教师的专业发展等方面，通过量化和定性的方式进行，为教师提供明确的指导和发展方向。

第六，持续性与可持续发展。职后培训不应该仅仅是一次性的活动，而应该是教师职业生涯中持续的学习和发展过程。培训体系应该提供长期的支持和服务，为教师提供持续学习的机会和平台。可以建立师德师风培训、定期教研活动、教师交流论坛等机制，形成良好的学习氛围和教师发展的生态系统。

总而言之，学前教育教师职后培训体系的构建需要综合考虑培训目标、培训形式、培训师资、政策支持、评估反馈和可持续发展等要素。通过建立完善的培训体系，可以提升学前教育教师的专业素养和教育能力，推动学前教育事业的健康发展。同时，教师个人也应积极参与培训，不断提升自身的专业水平和教育教学能力，为幼儿的成长和发展提供更好的支持。

（二）学前教师职后培训体系构建的策略

职后培训是提升学前教师师德修养、科学保教能力最直接、最有效的手段。“作为培训者要在各级政府确保培训经费投入的基础上，认清形势、珍惜机会、针对问题，在实践中不断研究培训的优化策略，让参培教师通过培训提高专业能力，同时提升职业认同感、获得感和幸福感。”①

1. 分级分类，按需施训

全员培训的实施并不是一概而论的，尤其对于幼儿园教师而言，他们的专业成长是一个渐进式的发展过程。在制订培训计划时，培训者应该以教师的发展阶段和能力诊断为基础，设计出针对不同需求的课程。

分级、分类培训是一种有效的方式，可以促进教师的职业持续发展。通过对教师进行分组，根据其专业水平和经验，提供有针对性的培训，能够更好地满足他们的学习需求。

针对新任教师的培训应该着重提高他们管理班级和了解幼儿心理发展特点的能力。这些培训内容可以包括教室管理技巧、幼儿行为管理、教育心理学等方面的知识，帮助新任教师更好地适应和应对幼儿园工作。

对于已经具备一定经验和资质的合格教师，培训的重点应该放在培养他们的教学特色和家园共育能力上。通过教学观摩、教学设计和评估等培训活动，帮助教师发展出独特的教学风格和方法，并加强与家长的合作，共同促进幼儿的全面发展。

针对转岗教师的培训应该帮助他们了解学前教育的特殊性，学习相关的法律法规，并树立科学的儿童观。这样的培训可以帮助转岗教师更好地适应幼儿园工作环境，并具备处理教育事务所需的专业知识和技能。

师资是教育发展的关键，而培训则是师资发展的关键所在。只有通过有效的培训，教师才能不断提升自己的专业能力和素质，为幼儿的成长和发展提供更好的教育环境和服务。

对培训对象进行分类优化是实施培训的第一步，也是从需求出发、以问题为导向、按需施训的重要方式。通过合理的分类优化，能够更准确地把握

① 李红梅．幼儿园教师职后培训的优化策略［J］．辽宁教育行政学院学报，2019，36（4）：32.

教师的需求和问题，有针对性地提供培训内容和方法，进一步推动教师的专业发展。

分类优化培训对教师在每一阶段快速获得专业发展具有积极意义。不同阶段的教师面临着不同的学习需求和挑战，通过分类培训可以满足其特定的需求，并帮助他们更好地成长和发展。例如，新任教师需要基础知识和技能的培训，合格教师需要进一步提升教学特色，转岗教师需要适应新环境和角色等。分类优化培训能够提供更加有针对性和个性化的支持，使教师在专业领域中得到更加全面和有效的提升。

总而言之，全员培训在幼儿园教师的专业成长中起着重要的作用。分级、分类培训能够促进教师的职业持续发展，而针对不同类型教师的培训重点也应有所差异。通过分类优化培训，教师可以更快地获得专业发展，提高教育质量，为幼儿提供更好的教育服务。

2. 重视结果，着力落实

科学诊断教师专业发展需求是培训活动开展的前提。只有了解和满足教师们的专业需求，培训才能取得良好的效果。因此，在进行培训之前，培训者应该重视调查问卷的结果，并认真分析参培教师的专业需求、成长阶段和面临的共性问题。

调查问卷是获取参培教师意见和反馈的重要工具。通过仔细梳理问卷结果，培训者能够了解到教师们的专业需求，包括他们希望提升的教学技能、知识储备以及教育理念等方面。此外，调查还可以帮助培训者确定参培教师所处的成长阶段和他们所面临的共性问题。基于调查结果，培训者需要设计相应的培训专题、内容和模式，以增强培训与参培教师的实际工作的关联度。培训应该紧密结合教师的实际工作情况，提供实用的教学策略和方法，帮助教师解决他们在教学过程中遇到的实际问题。只有与参培教师的工作紧密结合，培训才能产生更大的实际效果。

此外，前期调研结果的落实是为参培教师的专业成长搭建适宜的进阶平台。通过了解教师的需求和问题，培训者可以为教师们提供有针对性的培训课程和学习资源，帮助他们提高专业水平和教学能力。这样的进阶平台能够满足教师的发展需求，促进他们在教学事业中不断成长。重视前期调研结果不仅能事半功倍，还能体现培训者的工作态度和专业能力。通过认真分析调查问卷结果，并针对性地设计培训活动，培训者展现出了对参培教师的关注和尊重。这种工作态度和专业能力的展现将赢得教师们的信任和认可，进而提升培训的有效性和影响力。

3. 特色突出，专业引领

（1）培训项目应该具有针对性和侧重点，这意味着应该推行主题式研修。这样的研修方式能够更好地满足不同幼儿园教师的需求，并且能够更有效地提供相关知识和技能。

（2）为了解决实际问题，应该构建理论课程与实践课程相结合的课程架构。通过将理论与实践相结合，幼儿园教师能够在课程中直接运用所学的知识和技能，解决实际工作中遇到的问题，并且能够更好地将培训内容应用于实际工作中。

（3）应该聚焦培训专题，进行精准诊断、示范和研磨。这意味着我们需要对具体问题进行深入的分析和研究，然后设计特色鲜明、主题突出的培训专题。这样能够确保幼儿园教师的专业发展和提高，并且能够满足他们在实际工作中所面临的挑战。

（4）需要将《幼儿园教师专业标准》作为各级培训的重要内容，这一标准是评价幼儿园教师专业水平的重要依据，因此在培训过程中应该对其进行充分讲解和应用。为了确保培训的质量和一致性，培训课程指南应该基于《幼儿园教师专业标准》制定。这样能够保证培训内容与标准要求相一致，有助于幼儿园教师全面提升自己的专业能力。

（5）培训者需要深入研究标准要求，并设计特色突出的培训专题。通过研究标准要求，培训者能够更好地理解幼儿园教师所需要具备的知识和技能，从而设计出符合需求的培训内容，使培训更加具有针对性和有效性。

4. 坚持创新，大胆改进

（1）多样化的培训模式是幼儿园教师职后培训的重要特点。教师职后培训采用讲座式、参与式、观摩式、案例分析等多种形式，旨在调动教师的积极性，并增强培训内容的吸引力。通过不同的培训模式，教师能够以更加主动和积极的态度参与培训，同时培训内容也更加生动有趣。

（2）实践性培训的加强是培训者应关注的方面。培训者应当提供更多实践性的培训内容，通过示范观摩、实地考察、情境体验、跟岗培训等方式，让教师能够亲身参与实践，获得更具体、更有效的培训体验。这种实践性培训不仅能够加深教师对理论知识的理解，还能够帮助他们将理论与实践相结合，提升实际工作中的能力。

（3）创新培训模式是发展的趋势。除了传统的培训方式，还应进一步创新培训模式，例如，推行混合式培训模式。这种模式结合了集中面授、网络研修、现场实践和训后指导等多个要素，通过建立教师学习共同体，促进教师之间的互动和合作，提高培训的效果和教师的学习体验。

（4）随着移动终端的普及，培训也出现了新的业态。探索基于手机、掌上电脑等移动终端的培训形式，开发适用的移动端学习平台和App，可以帮助教师随时随处进行学习，满足他们个性化的培训需求。移动终端的培训方式具有便捷性和灵活性，能够更好地适应教师的学习节奏和工作需求。

（5）促进教师常态化学习是培训工作的目标。通过提供便捷的学习环境和途径，鼓励教师进行常态化的学习，可以提高培训的有效性和教师的专业水平。教师应该被鼓励并赋予学习的时间和资源，使他们能够参加专业发展活动、研讨会、学术会议等。同时，建立学习社群和专业网络，让教师之间可以相互交流和分享经验。此外，提供个性化的学习计划和教育资源，帮助教师根据自己的兴趣和需求进行学习，进一步提升他们的专业能力。

三、学前教师的园本培训体系构建

园本培训关注教师的教学实践，关注教师的专业化成长，是建构幼儿园文化的一种有效方式，能促进教师专业素质的提高和幼儿园教育质量的改善。厘清园本培训及其内涵，确定其目标取向，是开展园本培训的起点。探索园本培训多元化的实践操作模式，可促进教师获取教育实践智慧，推进园本培训的广泛开展。开展园本培训的科学考评，建立相应的制度，能持续激发教师参与园本培训积极性，保障园本培训的可持续发展。

（一）学前教师园本培训的特性分析

园本培训首先关注幼儿园的实际需要，以幼儿园为培训基地，按需培训；其次，园本培训注重在教学实践中培训教师，强调岗位练兵；最后，强调教师在培训中的主体地位，重视教师内部成长动机的激发。园本培训过程是一个教师共同参与、相互支持与合作的过程，具体来讲体现在以下四个方面。

1. 需求性

园本培训是专门设计的，旨在满足幼儿园团队中每个成员的工作和个人发展需求。作为教师专业发展的主要场所，园本培训注重激发教师的主动性和积极参与。

在园本培训的过程中，重要的一点是关注教师经验的总结和提升。教师们可以分享他们在幼儿教育方面的实践经验，从中吸取教训并改进教学方法。这种经验的分享和交流有助于促进教师的专业成长，并提高整个幼儿园的教学质量。

此外，园本培训还特别重视个体需要和自我教育。教师们可以根据自己的兴趣和学习需求选择适合自己的培训课程。这种个性化的培训方式能够更好地满足教师的需求，激发他们的学习热情，并促进他们在专业上的发展。

幼儿园的需求反映了教师的需要，而教师的提高则促进了整个幼儿园的整体质量提升。通过园本培训，教师们可以学习和应用最新的教育理念和方法，提升自己的专业能力，进而为幼儿园的教育事业做出更大贡献。

总而言之，园本培训是为了满足幼儿园每个成员的工作和自身发展需求而存在的。通过注重教师的主动性和参与热情，关注教师经验的总结与提升，重视个体需要和自我教育，园本培训能够推动教师的专业成长，提高幼儿园的整体质量。

2. 针对性

园本培训内容的设计是直接参考幼儿园和教师的实际情况，以确保其具备现实的针对性和实用性。该培训注重解决教学过程中遇到的问题，以问题为中心组成小组，通过协作解决问题的方式，旨在提升教师解决实际问题的能力。

在园本培训中，教师将接受丰富多样的课程内容，该内容涵盖了教育领域的各个方面。这些内容旨在满足教师内心渴望解决实际教学问题的需求。培训课程将包括教育观念、教育技能等方面的内容，帮助教师全面提升自身的教学水平。

园本培训注重实践性，将理论与实际相结合。培训将通过案例研究、实际操作等方式，让教师们能够将所学的知识和技能应用到实际教学中。这种以问题为中心的学习方式能够帮助教师们更好地理解和应对他们在教学中面临的挑战。

此外，园本培训还强调小组合作和互动交流。教师将组成小组，共同探讨和解决问题。这种协作学习的方式有助于促进教师之间的交流和相互学习，提供了一个共同成长和进步的平台。

总而言之，园本培训的内容和设计都紧密围绕教师的实际需求展开，以解决实际教学问题为导向。通过问题中心的学习和小组合作，教师能够提高解决问题的能力，并获得更全面的教育观念和教育技能，以应对多样化的教学挑战。

3. 多样性

园本培训以灵活多样的形式展开，根据各个幼儿园的工作情况进行适当的时间安排。这种灵活性使得培训内容能够随着实际需求作出调整，保证了培训的实用性和针对性。

培训内容的设计具有应变性、随机性和灵活性，能够根据不同幼儿园的实际情况确定临时性内容。这意味着培训不会固定在一成不变的课程上，而是根据具体情况进行调整和完善，确保培训内容紧密贴合幼儿园的需求和发展方向。

为了提供全面的培训体验，园本培训采用多种方式进行，包括经验交流、师带徒制、案例分析、问题研讨和行动研究等。通过经验交流，教师可以分享彼此的教育经验和成功案例，相互启发和借鉴。师带徒制度则提供了实践指导和个别辅导的机会，帮助新教师更好地成长和发展。案例分析和问题研讨则鼓励教师在具体情境中思考和解决问题，培养他们的分析问题和解决问题的能力。而行动研究则鼓励教师在实际工作中进行深入探索和实践，以促进教育教学的创新和改进。此外，这些多样的培训方式相辅相成，旨在激发教师的学习兴趣和主动性，提高他们的专业素养和教育教学水平。园本培训的灵活性和多样性使得每位教师都能够根据自身需求和发展目标选择适合自己的培训方式，并在不同的培训环节中获取所需的知识和技能。

4. 主体性

园本培训是由幼儿园自行发起、规划和组织实施的一项重要活动，它体现了园本培训管理的自主性。这意味着幼儿园可以根据自身的需求和特点，自主地决定培训的内容、方式和时间安排。通过园本培训，幼儿园可以根据自身的发展目标和教育理念，有针对性地提升教职员工的专业素养和教育水平。为了有效地进行自我管理和自主培训，幼儿园需要建立适合的组织机构和管理运行机制。

（1）幼儿园可以设立专门的园本培训部门或委员会，负责协调和组织培训活动，这个部门或委员会可以由园长或其他负责人带领，同时可以吸纳一些教师代表和专业人士，形成一个多元化的团队，共同推动园本培训的开展。

（2）幼儿园需要建立一套科学的管理运行机制，确保园本培训的顺利进行，主要包括确定培训需求、制订培训计划、组织培训实施、评估培训效果等环节。幼儿园可以采取定期的培训需求调研，了解教职员工的培训需求和意愿，以便有针对性地开展培训活动。同时，制订培训计划时要考虑到教职员工的实际情况和工作安排，合理安排培训时间和内容，确保培训的有效性和可操作性。

（3）幼儿园可以通过内外部资源的整合，提供多样化的培训方式和学习机会。可以邀请专家学者来园讲座和指导，组织教职员工参加专业研讨会和培训班，开展教学观摩和交流活动等。同时，幼儿园也可以利用信息化技术手段，开展在线培训和远程学习，让教职员工能够随时随地获取知识和培训资源。

总而言之，园本培训的自主性要求幼儿园建立适合的组织机构和管理运行机制。通过这些机制的支持，幼儿园可以更好地进行自我管理和自主培训。它们可以确保培训活动的有效性和专业性，提升教职员工的教育水平和专业素养，进而提升整个幼儿园的教育质量和发展水平。此外，园本培训的自主性还能激发教职员工的积极性和创造性，促进他们在教育实践中不断探索和创新，为幼儿提供更优质的教育服务。

（二）学前教师园本培训的管理机制

园本培训管理机制是指为保障幼儿园和幼儿教师的发展目标和需求，由幼儿园发起组织的，由幼儿教师、专家等共同构建的园本培训的运行方式和规则体系。

建立健全园本培训机制旨在提高培训的主体性、可操作性和实效性，从而增强幼儿园整体办学实力，促进幼儿园的可持续发展。园本培训机制具体包括营造园本培训氛围、提供专业发展长效机制、健全园本培训制度及完善园本培训评价，并通过创设有效的途径及制度保障来建立完善的园本培训机制。

1. 分级管理，明确分工

为了有效管理和组织园本培训工作，可以采用分级管理和明确分工的措施。为此，幼儿园可以成立一个专门的园本培训工作小组，由园长和其他负责人组成，他们将共同负责整个培训工作的规划和执行。在这个工作小组中，园长承担着重要的职责，负责执行园本培训工作的具体事务。作为主要负责人，园长将协调和监督整个培训过程，并确保各项任务得以顺利完成。

为了提高团队成员的能力和素质，工作小组的成员需要加强理论学习，并通过学习不断提升自己的管理水平。通过深入学习，他们能够更好地理解园本培训的目标和意义，并能够灵活应对各种管理问题和挑战。

工作小组成员还将积极探索解决管理问题的方法和策略。他们将充分利用自身的专业知识和经验，通过深入研究和讨论，寻找最佳的解决方案，并将其应用于实际工作中。

通过分级管理和明确分工，能够高效地组织和管理园本培训工作，工作小组成员的理论学习和解决问题的能力的提升，将为培训工作的顺利进行提供坚实的基础。这样的管理措施将有助于促进园本培训工作的质量和效果，为园本培训的顺利开展奠定坚实的基础。

2. 制订规划，注重长效

为了促进幼儿园的可持续发展，需要制定一套长效规划。其中，一个重要的方面是将幼儿教师的专业发展纳入幼儿园的发展规划中，这意味着管理者要专门设计一系列计划和策略，以提升幼儿教师的教育水平和专业素养。为了实现这个目标，可以采取多渠道、多形式的方式来促进幼儿教师的专业成长。首先，提供多种培训途径，如组织专题研讨会、举办教育交流活动以及安排参观学习等，以便幼儿教师能够接触到不同的教育资源和最新的教学理念；其次，鼓励幼儿教师参加学术研究和教育实践，如发表教育论文、参与教育项目等，以提高他们的专业知识和能力。

此外，也可以建立一个长效的机制，将园本培训作为一项长期工作来抓。这意味着管理者要不断进行园本培训，而不仅仅是一次性的培训活动，要组织定期的培训课程，提供系统化的教育教学内容，帮助幼儿教师不断更新知识、改进教学方法，并实时反馈和评估培训效果。通过这种长效机制确保幼儿教师的专业发展与幼儿园的整体发展保持同步，并不断提升教育质量和服务水平。

3. 民主管理，营造氛围

在幼儿教育机构中，民主管理是创造良好氛围的关键，所以要采用民主型领导风格，始终关心幼儿教师的需求和意见。为了建立平等和互相尊重的关系，鼓励开放的沟通和互动。管理者要定期组织会议、工作坊和团队建设活动，为教师提供一个分享和交流的平台。在这个平台上，每个教师都有机会表达自己的观点、提出问题和建议。

另外，要重视教师的参与和决策权，通过赋予他们参与讨论和决策的权利，认识到他们在教育过程中的重要性。管理者还要鼓励教师积极参与制订教学计划、评估学生进展和解决教育中的问题。这种参与不仅有助于提高工作效率，还能激发教师的创造力和责任感。

民主管理能够营造一个积极和融洽的工作环境，通过关心教师的需求，建立平等和互相尊重的关系，帮助其解决问题并赋予参与讨论和决策的权利，管理者创造了一个充满活力和合作精神的团队。在这样的氛围下，教师能够更好地发挥他们的专业能力，为幼儿的成长和发展提供更好的教育。

4. 拓展资源，寻求支持

为了提高教师培训和幼儿园的资源，可以采取以下行动。

（1）计划与各种教师培训机构和其他幼儿园建立密切的联系，以扩展资源网络。通过与这些机构和幼儿园合作，可以分享和交换教育资源，从而获得更多的学习和发展机会。

（2）积极寻求教育专家的支持和帮助，这些专家可以是教育学领域的权威人士，拥有丰富的经验和专业知识。邀请他们来到幼儿园，为园长和骨干教师提供培训，他们分享的最新教育趋势、有效的教学方法和优秀的实践案例，可以提升教师的专业水平和教学质量。

（3）促使园长和骨干教师承担培训者的角色。他们将分享自己的经验和教学技巧，为其他教师提供指导和支持。通过内部培训和分享，可以建立一个互相学习和成长的环境，促进教师之间的合作和交流。

（三）学前教师园本培训的管理制度

机制可以用制度的形式加以表达或加以规定。制度是对教师行为的一种规范、指引，也是一种约束、限制，好的制度还能起到激励、鞭策的作用。幼儿园应制定一系列的园本培训制度，确保园本培训落到实处。园本培训制度是园本培训正常开展的保证，也是园本培训的组织者、参与者和培训者的行为规范。因此，制度的健全对于保障园本培训的顺利进行和提高园本培训质量具有重要的意义。

1. 教师培训常规管理制度

教师培训的常规管理制度涵盖以下关键点。

（1）需要实施考勤管理并记录教师参与园本培训的表现和作业情况。这有助于监督和评估教师在培训中的参与度和表现情况。

（2）建立完备的培训档案是必要的，以确保培训的系统性和针对性。这些档案记录着教师参与的培训内容、培训成果以及个人发展计划等重要信息，为教师的专业发展提供支持和指导。

（3）将教师参加园本培训纳入工作业绩评价，并与评优、晋级挂钩。这样做可以激励教师积极主动地参与培训活动，并将所学知识和技能应用到实际教学中，提升教学质量和专业水平。

（4）建立园本培训经费管理制度，加大资金投入。通过明确经费管理规定，确保培训经费的合理分配和有效使用，为教师培训提供充足的资源支持，进一步提高教师培训的质量和效果。

这些教师培训的常规管理制度的实施将有助于提升教师的专业素养和教学能力，促进教育教学水平的不断提升。

2. 教师专业成长激励制度

（1）对于表现突出的教师，要给予适当的物质奖励，以资鼓励，这包括奖金、津贴或其他实际利益，以认可他们在教育工作中的出色表现。此外，这些教师还将在晋升和评优时享有优先考虑的权益，以便进一步激发他们的工作热情和积极性。

（2）积极开展骨干教师评选活动，以提升教师队伍的整体水平。通过这一活动，我们鼓励教师展现自己的才华和能力，同时为他们提供了一个展示自己的平台。评选活动的设置不仅考虑教师的教学成果，还关注他们的教育创新、教研成果等方面。通过调动教师的主动性和积极性，我们期望他们能够持续提升自己的专业素养，为学生提供更优质的教育。

这样的教师专业成长激励制度不仅能够提高教师的工作动力，也有助于整体教育质量的提升。通过给予教师适当的物质奖励和职业发展机会，能够培养出更多优秀的教育者，为社会培养更多有才华和有能力的人才。

3. 园本培训督导反馈制度

为了确保园本培训的有效性，幼儿园管理者要建立一个督导小组，定期对培训进行检查，这个小组的任务是收集来自参与者和观察者的反馈意见，并总结经验，以便找出存在的问题和需要改进的空间。通过这个制度，可以提高园本培训的实用性和实效性，从而促进整体研修质量的提高。

督导小组的成员将密切观察培训过程中的各个方面，包括教学内容、方法和教师表现等。他们将与参与者进行交流，并征求他们的意见和建议。同时，他们也会观察和评估培训的实际效果，以了解参与者是否能够将所学知识和技能应用到实际工作中。

通过收集反馈意见并总结经验，能够发现培训中存在的问题和不足，这些问题可能涉及培训内容的相关性、教学方法的适用性，或者是参与者对于培训结果的满意程度等。根据这些反馈，我们将制定相应的改进措施，以提高园本培训的质量和效果。这一制度的最终目标是确保园本培训的实用性和实效性。通过改进培训内容和方法，参与者能够更好地将所学知识应用到实际工作中，并取得显著的成效。同时，这也将促进整体研修质量的提高，为教育工作者提供更好的专业发展机会。

（四）学前教师园本培训的绩效评价

幼儿园管理者要经常性检查、反思园本培训的效果，不断调整园本培训的内容，完善园本培训计划，促进幼儿教师的专业成长。

1. 关注教师教学常规执行情况

（1）设定明确的行为目标和准则，以确保教师知晓他们应该达到的标准，这其中包括教育理念、教学方法和教师角色的明确定义。这样，教师就能清楚地了解他们需要按照何种方式进行工作。

（2）制定幼儿教师一日工作细则和要求，明确规定教师在日常工作中应遵循的流程和规范，这包括每日的课程安排、教学准备、教室管理等要求。通过这些具体的指导，教师将能够更好地组织和执行他们的教学任务。

（3）制定量化的教育工作评估标准，以评估教师的教育工作表现，这可以通过园本培训和定时、定点、定要求的方法来实施。园本培训可以为教师提供进一步的培训和指导，帮助他们提高教育水平和教学技巧。而定时、定点、定要求的评估则可以确保评估的公正性和客观性，为教师提供有针对性的反馈和改进建议。

2. 开展园本培训情况多元评价

（1）结合参训者的自我评价和他人评价，以调动教师的积极性和创造性。通过参训者自评，他们可以反思自己的学习和发展情况，并提出改进的建议。而他人评价可以提供客观的观察和反馈，帮助教师发现自身的优势和不足。

（2）引导教师参与工作评价，采用多种方式进行评价，这包括日常观察、定期检查、谈话和专题讨论等。通过日常观察，可以及时发现教师的教学行为和表现，及时给予指导和支持。定期检查可以对教师的整体表现进行评估，帮助他们认识到自己在培训过程中的进步和不足。谈话和专题讨论则提供了一个交流和反思的平台，教师可以分享彼此的经验和心得，共同成长。

（3）重视家长的评价，并将其与园本培训内容密切结合。家长是教师工作的重要参与者，他们对教师的表现和教育效果有着独特的观察和感受。我们可以通过定期的家长会议、问卷调查等方式征求家长的评价意见，了解他们对教师培训的看法和期望。同时，也可以将家长的评价内容与园本培训内容相结合，以提高培训的针对性和实效性。

（4）加强对园本培训工作的有效评估。评估可以帮助领导者了解培训工作的成效和问题所在，为进一步改进提供依据。幼儿园领导可以通过定期的评估活动，收集参训者和教师的反馈意见，同时可以借助外部专家的评估和审核，确保评估的客观性和准确性。评估结果可以用于制订培训改进计划，提高培训质量和效果。

通过以上的措施，可以实现对园本培训情况的全面评价，促进教师的专业发展和园所教育的质量提升。

（五）学前教师园本培训策略的构建

在学前教育中，幼儿园应从园本培训对象的特点出发，根据培训内容的需要，结合幼儿园的实际情况，因地制宜、因时而异，要求园本培训构建起多元的培训机制，探索园本培训的有效实施模式，令创新的园本培训机制成为幼儿教师成长的捷径。

1. 现场教研互动机制

现场教研互动机制是通过前期的自主学习、中期的现场观摩交流和后期的反思提升来实现的。首先，通过对教育活动实施过程前的自主学习并进行分析，促使教师对自己或他人的教育活动进行反思，不断转变教育观念、提升自身教育技能；其次，通过教育活动的现场观摩与评议，可以为教师创造一个在实践中相互切磋与交流的研究氛围，共同提高；最后，通过教师对学习的反思，实现教师自身教育实践经验的提升和启迪。这三个环节相互联系、相互依存，共同构成了现场教研的互动机制，其中第二个环节是核心环节。该机制的构建应充分体现“以园为本”的核心宗旨，理论的学习和活动的实施环节都应该以本园为中心，同时注重理论与实践的良好衔接。现场教研互动机制的有效构建，简单易行，而且可以实现良好的交流和促进效应。

值得一提的是，在现场教研互动机制实施过程中，整个过程实质上并不是教师个人完全孤立地在进行，而是在专家、同伴等的支持和帮助下展开。同时注重现场教研互动的过程，并不意味着忽略了自主学习和反思提升这两个环节，甚至通过这两个环节，实现教研探讨的促进。这正是把现场观摩交流与自主学习研究、实践运用和反思提升相互融会贯通，更好地实现教师发展。

（1）自主学习。自主学习是教师专业成长最为基本和十分行之有效的途径，它使教师能真正满足个性化发展的需求。在以园为本的现场教研互动中，自主学习要求教师首先要准确诊断自我学习的要求，将学习需求转化为知识、理解、技能、态度、价值观等具体的学习目标，根据学习目标选择学习内容与有效学习策略，然后通过互动式交流，在交流中明确个人的学习发展目标和策略。付诸实践后，通过自我评价，与他人建立融洽的合作关系。例如，自学读书式。学前教育教师可根据幼儿园的实际发展需求，在以园为本的同时兼顾自己在师德教育、教育理念培养和教师发展等方面的要求，有目的、有规划地安排自己研读各类教师专业发展的书籍刊物，然后幼儿园组织教师通过现场教研式的交流，互相促进，并在此基础上审视自己的不足，达到更新理念、完善知识、端正行为的目的。

自学读书式的园本培训模式实施步骤一般包括以下六个方面：①自我规划。教师在以园为本的同时兼顾自己在师德教育、教育理念培养和教师发展等方面的要求，制订研读计划。②学习原文。教师根据规划选择具体书目，进行研读，深刻领会书籍刊物的精神实质。③笔记心得。教师在学习的同时，做好学习笔记，并且能结合幼儿园的园本情况定期书写学习心得。④现场研讨反思。幼儿园以年级组或教研组为单位举办研讨及交流活动，反思教育理念及教学行为等，进一步明确教师发展要求，增强责任感和使命感。⑤调整规划。通过研讨学习，调整自主学习的规划及要求。⑥学以致用。在学习过程中，要紧密联系发生于本地、本园及身边的教育教学现象，以新理念、新观点去反思、审视和分析，从而达到素质和理论的升华。

（2）观摩交流。教师可以通过相互学习更好地实现自我提升。教师在一起相互观摩、相互交流，这种方法不仅有利于帮助被观察者提高教学水平，而且可以使观察者从中受到教益。这种方式主要以教学实践为基点，着力解决教学过程中的某些问题。教师之间的交互作用能够充分提供技术、心理方面的支持，通过共享教学技能技巧、互相听课、评课，分享教学经验体会，在观摩交流中共同探讨亟待解决的问题，扩大教师的经验视野，激发教师的教学灵感，提升教师的专业素养。

观摩交流主要以教学技能技巧竞赛、教育活动现场观摩评议、教育经验交流与参与式研讨等形式展开。

第一，教学技能技巧竞赛。教学技能技巧竞赛即通过组织幼儿教师开展说、唱、弹、跳、画等各种教学技能的竞赛，促使教师提升自身教学技能。例如，可以包括以下内容：①自备歌曲和即兴弹唱；②成品舞和即兴舞蹈比赛；③简笔画比赛；④说课比赛；⑤多媒体课件比赛；⑥评课比赛。幼儿园除了组织该类比赛外，还不定期组织教师从晨间接待、晨间活动的组织、区角材料的设计制作、环境布置、家长工作，到写家长函、写家园联系单、写活动设计、写案例分析等技能技巧的训练和竞赛。

第二，教育活动现场观摩与评议。教育活动现场观摩与评议即通过对教育活动的实施过程进行适宜性程度的分析，促使教师对自己或他人的教育活动进行反思，不断转变教育观念、提升自身教育技能的过程。这是在教师培养中经常采用而且也较为有效的一种方式。通过对学前教育“五大领域”的教育活动的现场观摩与评议，可以为教师创造一个在实践中相互切磋与交流的研究氛围。教育活动现场观摩与评议，给教师带来的教育感受更生动鲜活、直观而具体，但在运用时要注意注重教育过程的真实性，尽量避免经过一定的“处理”与“包装”之后的虚假观摩。

第三，教育经验交流与参与式研讨。教育经验交流与参与式研讨是指将来自教师自身教育实践的经验加以提炼和交流，并组织教师对经验进行一定范围内的互动研讨，从而使教师在研讨与交流的过程中能互相启迪，共同提高。通过教育经验的交流与研讨可以提高教师的理性思维能力和文字提炼能力，但在运用时应尽量避免由于经验与实践的脱节而造成教育经验的假、大、空等现象。

观摩交流式园本培训模式的实施步骤一般为：第一步是定题，即先确定观摩交流的系列专题，专题内容主要来源于幼儿园的园本发展需要、自我发展需要以及教学活动中存在的问题；第二步是观摩，进行现场观摩教研，形式可以是教学技能技巧竞赛、外出考察、互相听课评课、分享教学经验体会等；第三步是交流研讨，观摩后开展专题研讨，由观摩者与被观摩者相互交流和讨论，共同探讨需要解决的问题，扩大教师的视野，激发教师的灵感；第四步是实践，在交流探讨的基础上，教师可扬长避短，自我再调整并进行实践操作。

（3）反思提升。反思是教师专业发展的工具。教师成长 = 经验 + 反思，教师的反思实际上就是一个对自己的行为进行评价、对自己的经验进行整理的过程。在现场观摩活动中的反思提升主要是指对教育教学活动观摩的反思探讨、教育经验以及实际问题的反思及探讨解决、参与培训时的反思及研讨等。教师通过反思，以批判的态度检视自我、纠正自我，不断寻求新理论与新策略解决各种实践问题，使现场教研与反省、批判融为一体，真正实现自我专业能力的提升。

2. 专题研修体验

专题研修体验是指园本教研过程中要先确定一个主题——教学实践中有待解决的某一具体问题，然后围绕这一主题，全园准备，通过专题培训、课题探索、行动研究这三个环节，获得对该主题的深入探究和理性认识。然后通过交流探讨，阐发自己的理解认识，形成争鸣与碰撞，做到专题研修体验都能有理论思考、有实例研讨、有反思总结。

专题研修机制的构建，其中专题培训、课题探索、行动研究这三个环节均针对某一具体主题展开，通过邀请专家进行专题培训，教师共同实现课题探索和教学实践中的行动研究，实现三个环节间的相互促进，共同实现该机制的有效构建。该机制应时刻体现“以学促教”的核心宗旨，在培训、课题和行动研究的学习中促进教学技能的提升。同时在该机制的构建中，应找准理论与实践的契合点，有效实现两者的有机结合。

专题研修体验需要一定的专家引领和理论经验的提升，能够带来极大的信息量和丰富的知识体系，同时通过实践探究，较好地实现理论在实践中的应用和提升，做到以行促思、以思促学、以学促教，从而不断提高幼儿教师的研究与教育教学能力。

（1）专题培训。根据幼儿教师专业发展的需要与教育教学改革的需要，聘请高校教师、园外优秀教师、特级教师等定期或不定期地开展专题讲座、学术报告、现场指导，该类培训往往围绕某一个专题开展，遵循“缺什么，补什么”的原则进行“按需施教”，让园内全体教师集中参加，以及时获取各种教改新信息，学习、研讨新理论与新方法，不断更新与提升自我。这种培训的方式往往信息量十分大，结合幼儿园工作与教师发展的需要，同时邀请专家进行专门培训，在专题讲座培训时往往能给被培训者带来一些新思想、新理念以及全新的思维方式等，这些对幼儿教师专业成长具有一定的效果。

专题培训的主题十分多，例如，在以“幼儿园区域活动的组织及指导”为大主题开展培训，可下设各种小主题，如：①幼儿园各区角的选址及注意点；②幼儿园区域活动材料的选择及投放；③幼儿园科学区活动的指导；④幼儿园区域活动与主题活动的结合；⑤幼儿园“以园为本”特色区域活动的开展。

（2）课题探索。课题探索法是以课题为载体，组织和吸纳幼儿教师共同参加课题研究，通过科研课题实验研究，提高教育教学能力，提升科研探索能力，实现教师从“经验型”到“学习型”再到“学者型”的类型转换的一种培训方法。

例如，以“亲近自然，关爱生命”为园级总课题在园内开展，随着总课题的开展，各年级段也纷纷开展了与本年龄段幼儿能力发展特征相符合的系列子课题，如“托班幼儿亲近自然情感培养初探”“种植的乐趣，分享的快乐”“大班幼儿对比性种植活动的实践研究”，在各年级段的课题引领下，各班级也开展了适合本班特征的小课题，如“小小气象播报员”“养殖能手”等。通过一系列课题的开展，在课题探索引领过程中，幼儿园的教师找到了自己努力的目标和方向，与自己的教育教学活动结合，并且提升了自我的科研素养和能力。课题探索园本培训模式的实施步骤具体如下：

第一，专训。根据幼儿教师科研素质的现状，必须对参与的教师进行教育研究理论知识的辅导，包括如何选题、设计、研究、总结、鉴定等方面内容，加强教师的教育科研能力。

第二，选题。帮助教师确定研究课题，拟订课题实施计划，课题的选定一定要从园本情况、幼儿教学实践的实际、教师的兴趣等方面着手。

第三，实施。组织实施过程中，要帮助教师确立研究的重点，运用恰当的研究方法来解决问题。此过程既要强调教师自主实践，也要注重定期交流，共同提高，并注重理论与实践、教学与科研、幼儿教师自我研究与专家指导相结合，真正营造一种积极探索的科研氛围。

第四，小结。在课题研究的过程中要定期进行小结，发现问题，总结经验，并修正或提出下一轮课题研究计划。

通过课题探索，不仅加强了幼儿教师间的合作与交流，加强了专家及教师间的沟通，并能让教师在研究中体味成功的喜悦，达到既提高解决实际问题的能力，又提高教学水平和科研能力的双重目标。

（3）行动研究。幼儿园课程改革建设对幼儿园教师的素质提升提出了新的挑战和要求。我国通过开展大规模的幼教师资培训，期望通过专家对教师的讲座集中培训迅速提升教师的教育理念，促进教师教学反思机制的构建，从而提升教育教学质量。纵观培训的效果反馈，虽然集中培训具有一定的效果，但是对于教师的专业发展促进作用不是十分明显。针对集中培训的问题，我国近年来提倡的幼儿园教师“行动研究”式的园本培训和教研是一种师教育的新形式，它能够较好地做到教师培训与教学实践有机结合，对于解决教师教学实践问题大有帮助。

“教师即研究者”要求行动研究是一种以问题为中心的研究方式，即从幼儿的教育教学实践中的问题出发，按照“问题—计划—行动—观察—反思—问题……”这一螺旋渐进式的程序，使教师在探索解决问题的方法中逐步加深对自己所从事的实践活动的理解，在经验中学习，在研究中获取实践性知识，达到既发展自我又改进实践的目的。

3. 学习共同体构建

每位幼儿教师的发展水平不可能在同一起跑线上，只有为每位教师找准最近的发展区，才能更有效地促进每名教师的专业发展，同时应针对幼儿教师队伍的能力水平，采用同伴互助、骨干协同和专家引领的方式，建立起幼儿教师学习成长的共同体。我们在分析综合幼儿教师发展的能力水平特征的基础上，将这支队伍划分为四种类型：适应型、胜任型、骨干型、研究型。针对不同专业类型的教师特点，构建学习共同体，通过同伴互助、骨干协同和专家引领，实现该学习共同体机制的有效发挥。同伴互助、骨干协同和专家引领构成了共同体的三个层次，通过分层可促进教师学习和教学技能的提升。

学习共同体机制的构建应体现“以点带面”的核心宗旨，同伴、骨干和专家的促进作用并不只是以点展开的，而应该以点带面实现共同体的构建。

同时在该机制的构建中，应注意双向促进作用的发挥，学习的促进作用并不只是源于专家和骨干力量，而是相互促进，专家和骨干也能受到普通教师的促进，真正实现学习共同体的构建。

学习共同体机制的运行过程中，应注意教师在他人互助和专家骨干的帮助中实现自我的反思，通过他助和互助，最终实现自助，尽快从适应型教师成长为研究型教师，然后促进他人成长，在助他的过程中实现学习共同体机制的有效运行。

（1）同伴互助。同伴互助是教师与同伴间的对话、学习、共进，同伴互助不仅表现在本园内教师之间的互助，还体现在同行之间的交流和互助。教师集体的同伴互助是指在强调教师自我反思的同时，开放自己，加强教师之间的专业切磋、协调和合作，形成“学习共同体”，例如，分享式备课通过碰撞解决实际问题。分享式备课是一种现实情境下的同伴互助，是引领教师反思的有效途径，它避免了教师闭门造车的缺陷，使教师在多次合作与反思中提升自我研究的能力，为提升整体的教育教学水平和教学质量提供了有力的保障。分享式备课最大的特点是教师与同伴间进行充分的对话，而与同伴对话是一种交流、分享、思维的碰撞，更是一种寻求支持、拓展研究思路的良好途径，它使教师个体的探索转换成集体研究，它能较好地发挥经验的辐射作用，常常能捕捉到新的关注点，在研讨中解决实际问题。分享式备课一般包括个人初备、集中研讨、个人再备三个阶段。其中，集中研讨是集体备课的核心。

（2）骨干协同。骨干协同类似“师徒帮带”式的一种以老带新、以高带低、以名带优培养新教师、青年教师等培训方式，是迅速提高教育教学技能的一种重要途径，也是加强交流、取长补短、相互学习的一种重要手段。

骨干教师在幼儿园起着很重要的作用。我们以内培训的方法，层层结对，以骨干教师带动年轻教师，以老带新的园本培训方式，师徒紧密合作，从教学技能到教学活动，再到教学经验交流等，互相讨论、协商和评价。在这些活动中，年轻教师可以分享老教师和骨干教师的知识和经验，而老教师亦可以从新教师的新知识和新观念中获得启示。骨干协同的效果主要围绕德、才、教、研四个方面展开，最后应给出科学性的评价。

（3）专家引领。专家引领是理论对实践的指导，是实现理论与实践之间的对话，是理论与实践关系的重建。园本培训需要得到专家、名师的支持。首先，通过各种途径尽可能与有关的专家、名师建立合作关系；其次，根据园本培训的特点，重视与专家、名师形成平等、民主、建设性的合作关系。作为一线教师，主要希望专家的指导能够将理论与实践结合起来进行，这样才能形成理论性知识向实践性知识的转变，使各种知识交叉在一起，做到融会贯通。

例如，在开展园本培训过程中，可以邀请专家与园内教师开展“在开放性的探讨活动中，如何既尊重幼儿的兴趣，又培养幼儿的倾听习惯”这一主题的探讨。在探讨中，每位教师都要阐述自己的想法和做法，这也是整个园本培训中的美妙之处，大家在讨论过程中各抒己见的积极态度能让人感受到学术研讨的氛围。大家统一思想后，各组代表会综述每组所提供的解决途径请专家组进行点评、提升。同时，专家把大家的建议进行梳理，一周后再回到实践中予以尝试并请大家观摩，结束后，新一轮的反思、研修、实践又开始了。整个活动过程以教师为主体，专家起着引领的作用，这一方式使教师学会主动学习，通过专家引领能有效地促进教师自我发展和提高。

第三节 学前教师的地位与声望提升

学前教育是儿童成长和发展中至关重要的阶段，对于孩子的学习和生活都具有深远的影响。学前教师扮演着引导和培养儿童的重要角色，他们的地位与声望对于社会的发展和下一代的成长都至关重要。

一、提升学前教师地位与声望的必要性

第一，学前教育对儿童发展的关键作用。学前教育是儿童成长和发展的关键时期，对儿童的认知、情感、社交和语言发展产生深远的影响。学前教师不仅是知识传授者，更是儿童全面发展的引导者和护航者，他们的工作不仅是教育，更是培养和塑造下一代的未来。

第二，学前教师的工作压力与责任。学前教师的工作压力较大，需要具备丰富的知识和技能，熟悉幼儿教育心理学、教育方法和儿童健康等领域。同时，他们需要细心、关爱和耐心，确保每个孩子都能够得到适当的关注和指导。这些责任和压力要求学前教师拥有高度的专业素养。

第三，学前教师的培训与发展需要支持。为了胜任学前教育工作，学前

教师需要接受专业培训和持续的职业发展。这需要投入时间和精力，因此，提高学前教师的地位与声望，有助于吸引更多优秀的人才从事这一领域，以提高整个行业的质量。

第四，社会对学前教育的需求增加。随着社会的发展，越来越多的父母意识到学前教育的重要性，因此对高质量学前教育的需求也在增加。提高学前教师的地位与声望，有助于满足社会对学前教育的需求，提高学前教育的质量。

二、提升学前教育地位与声望的可行性

第一，提高薪酬水平。提高学前教师的薪酬水平是提高其地位与声望的有效途径。政府和教育机构可以制定政策，增加学前教师的薪酬，确保他们获得公平的报酬。此外，社会和家长也应该更加重视学前教育，愿意为高质量的学前教育付费。

第二，提供专业培训与发展机会。学前教师需要不断提升自己的专业素养，因此提供专业培训与发展机会是必要的。政府和教育机构可以投资于学前教师的培训计划，帮助他们不断提高自身的教育水平和专业技能。

第三，增加职业发展机会。为学前教师提供更多的职业发展机会，可以吸引更多有潜力的人才进入学前教育领域。这可以包括制定晋升途径和提供更多的职位空缺，以便学前教师可以在自己的职业生涯中获得更多的机会和挑战。

第四，提高社会认可度。教育机构、政府和社会媒体可以通过宣传和宣传活动来提高学前教师的社会认可度。分享成功的故事、突出学前教师的贡献和重要性，改变人们对学前教育的看法，增加对学前教师的尊重和认可。

第五，制定相关政策和法规。政府可以通过制定相关政策和法规来支持学前教育的发展。这些政策可以包括规定学前教师的资质要求、薪酬标准、工作条件等，以确保学前教育领域的持续发展和提升学前教师的地位与声望。

第六，鼓励学前教师参与研究与创新。学前教师可以积极参与研究和创新，为学前教育领域的发展贡献自己的智慧和经验。政府和教育机构可以鼓励学前教师参与研究项目，提供相应的支持和资源，以提高他们的专业水平和社会地位。

第七，提高学前教育质量。提高学前教育的质量是提升学前教师地位与

声望的重要途径。高质量的学前教育能够证明学前教师的专业价值，吸引更多家长和社会对学前教育的支持和信任。

第四节 学前教师队伍建设的经验与展望

一、学前教师队伍建设的经验

学前教育教师队伍的建设对于提供高质量的学前教育至关重要。随着学前教育的发展，各地区和国家都积累了一些宝贵的经验，这些经验对于学前教育教师队伍的建设具有指导意义。

第一，政策支持和规范。政策支持和规范是学前教育教师队伍建设的基础。政府和教育部门应制定相关政策和法规，明确学前教育教师队伍建设的目标、方向和标准。政策可以涵盖教师培养、评估和职业发展等方面，为学前教育教师提供明确的发展路径和机会。同时，政府还可以提供资金支持和奖励机制，激励教师提高专业素养和教学质量。

第二，专业化的教师培养。专业化的教师培养是学前教育教师队伍建设的关键环节。培养过程中应注重理论与实践相结合，为教师提供充分的实习和教学实践机会。培养内容应涵盖儿童发展心理学、教育学理论、教学策略等方面的知识，培养教师的教育观念和专业技能。此外，培养还应注重教师的创新能力和解决问题的能力，培养其成为具有创造力的教育者。

第三，持续的职业发展和学习机会。为教师提供持续的职业发展和学习机会是学前教育教师队伍建设的重要经验。学前教育教师应该具备持续学习的意识和能力，不断更新自己的知识和教学方法。教育机构和政府可以提供继续教育、培训课程、研讨会等机会，为教师提供专业发展的支持。此外，还可以建立教师交流平台和合作机制，促进教师之间的经验分享和互相学习。

第四，建立良好的教师评估和激励机制。教师评估和激励机制是激发教师积极性和提高教学质量的重要手段。学前教育机构可以建立科学、客观的教师评估体系，评估教师在专业知识、教学能力和教育质量等方面的表现。评估结果可以作为教师职称晋升和薪酬激励的依据，激发教师的职业发展动力。此外，还可以通过表彰先进教师、设置奖励机制等方式，营造良好的教师激励氛围。

第五，建立合理的师资配备和管理体制。学前教育教师队伍建设需要建立合理的师资配备和管理体制。要根据学前教育机构的规模和教育目标，合理确定教师的数量和专业结构。同时，建立科学的教师管理体制，包括教师招聘、培养、考核、晋升等方面的规范和程序。教育机构可以建立教师发展档案，定期评估教师的教学质量和教育效果，为教师的成长提供指导和支持。

第六，与家长和社区的合作。学前教育教师队伍建设还需要与家长和社区进行紧密的合作。教师应与家长保持密切的沟通和合作，了解儿童的家庭背景、需求和特点，共同关注儿童的发展和教育。与家长建立良好的合作关系，可以促进教师和家长之间的互信和共同努力，形成家校合作的良好氛围。与社区的合作可以为教师提供丰富的教育资源和支持，以便开展社区教育活动，与社区资源相互融合。教师可以利用社区资源，为儿童提供更广泛的学习机会和体验，丰富他们的教育内容和方式。同时，教师还可以与社区合作开展家庭访问、亲子活动、社区义工等，促进家校社区的三方合作，共同关心和支持儿童的全面成长。

第七，建立支持和发展的学习环境。学前教育教师队伍建设需要建立支持和发展的学习环境。学前教育机构应提供良好的教学设施和资源，为教师的教学活动提供支持。同时，教师还需要有一个积极、和谐的工作氛围，能够得到同事和领导的支持和鼓励。教育机构可以建立教师团队，促进教师之间的合作和互助，共同提高教育质量和教学效果。

第八，持续关注教师福利和待遇。学前教育教师队伍建设需要持续关注教师的福利和待遇。教师是学前教育事业的中坚力量，应得到合理的待遇和尊重。政府和教育机构应加大对教师的投入，提供具有竞争力的薪酬、福利和职业发展机会，以吸引优秀人才进入学前教育行业并留住人才。

二、学前教师队伍建设的展望

“学前教育是我国国民教育的重要组成部分，在教育事业中占据着较大的比重，同时做好学前教育，还是保证小学教育和中学教育良好开端的保障。近年来，随着社会的发展，经济的进步，人们对学前教育的重视度不断提高；与以前相比，学前教育事业在质量和数量上都有一定的提升，规模不断扩大、力量也不断增强。在这样的教育背景下，对老师的教学水平和教学质量也提出了更高的要求。”[①]学前教育教师队伍建设一直是教育领域的重要议题之一，随着学前教育的发展和改革，对教师队伍的要求也日益增加。未来，学前教育教师队伍建设将面临一系列新的挑战和机遇，其未来发展方向具体如下。

第一，提高教师的专业素养和能力。未来，学前教育教师队伍建设将更加注重教师的专业素养和能力提升。学前教育教师应具备深厚的学科知识和专业技能，同时需要具备儿童发展心理学、教育科学等方面的知识。因此，教师培养的内容将更加注重专业性和实践性的结合，为教师提供更广泛、更深入的专业学习机会。此外，还需要加强教师的教育技术应用能力，提高信息技术的运用水平，以适应信息时代学前教育的需求。

第二，培养创新意识和能力。未来学前教育教师队伍建设将更加注重培养教师的创新意识和能力。教师应具备探究精神、创新思维和问题解决能力，能够根据儿童的需求和特点，创造性地设计和实施教学活动。教师应鼓励儿童的创造性思维和想象力，培养其创新精神和能力。因此，培养教师的过程应注重激发教师的创新潜能，提供创新教育方法和策略的培训和支持。

第三，多元化教师队伍的构建。未来学前教育教师队伍建设将更加注重构建多元化的教师队伍。多元化的教师队伍包括不同背景、文化、专业和经验的教师。这有助于满足不同儿童的需求，提供多样化的教育资源和支持。多元化的教师队伍能够促进文化多样性、价值观多元性和教学方法的多样性，为学前教育的全面发展提供更广阔的视野和创新思维。构建多元化的教师队伍需要采取一系列措施。首先，教育机构和政府可以加大对教师的招聘和培养的力度，吸引并培养具有不同背景和专业的人才进入学前教育行业。其次，可以建立并推广多元化的教师培养模式，包括跨学科培养、专业转型培训等，为教师提供不同领域和专业的学习机会。最后，要鼓励教师参与国际交流与合作，借鉴和吸收国外先进的教育理念和经验，丰富教师的专业背景和视野。

第四，加强教师的社会责任意识。未来学前教育教师队伍建设还需要加强教师的社会责任意识。教师作为学前教育的实施者和引导者，应该具备教育公平、社会公正和可持续发展的意识。他们不仅要关注儿童的个体成长，还要关注社会和环境的整体利益。教师应该积极参与社会公益活动，推动学前教育与社会的紧密联系，为社会发展和儿童福祉做出积极贡献。

① 臧鑫勇．学前教育教师队伍建设的现状与对策探究［J］．科幻画报，2019（10）：183.

第五，建立良好的支持体系。未来学前教育教师队伍建设还需要建立良好的支持体系。教师需要得到充分的支持和关爱，以提高他们的工作满意度和教学质量。教育机构和政府可以加大对学前教育的投入，提供良好的工作环境、合理的薪酬待遇和福利保障。同时，建立定期的教师评估和反馈机制，为教师提供专业的指导和支持。此外，也要建立良好的教师交流和合作平台，促进教师之间的互动和经验分享。

第六，关注教师的心理健康和职业发展。未来学前教育教师队伍建设还应关注教师的心理健康和职业发展。教师在面对儿童的成长和教育过程中，可能会面临一定的心理压力和挑战。因此，教育机构和政府应提供心理健康方面的支持和咨询服务，帮助教师应对压力和困惑，保持良好的心理状态。同时，也应提供广阔的职业发展机会，鼓励教师不断学习和成长，实现自身的职业目标和价值。

第七，加强学前教育教师队伍的国际交流与合作。未来学前教育教师队伍建设还应加强国际交流与合作。通过与国外先进的学前教育系统进行交流和学习，拓宽教师的视野，了解国际最新的教育理念和实践经验。同时，通过国际合作项目和交流活动，教师可以与来自不同国家的教育专家和教师进行互动和合作，共同探索学前教育的发展方向和创新方法。

第六章　学前教育管理：学前教育高质量发展的坚实保障

学前教育作为儿童成长过程中的关键阶段，扮演着塑造个体基础、促进综合发展的重要角色。而学前教育的高质量发展则直接关系到每一位幼儿的未来成就和社会责任的履行。在这一教育阶段，管理的质量不仅关系到教育机构的运营，更深刻地影响着孩子们的学习体验、安全保障以及个性发展。基于此，本章主要围绕学前教育管理及其过程与体制的实施、学前教育中幼儿园的连锁经营与管理、学前教育中幼儿园工作管理质量的提升、现代化发展下的学前教育管理路径进行研究。

第一节 学前教育管理及其过程与体制的实施

学前教育管理是指学前教育行政与管理人员按照教育工作的客观规律，遵循国家的教育方针，采用科学的管理方式，通过计划、组织、指挥、协调与控制等活动对各种教育资源进行合理配置，使之有效运转以实现学前教育目标和任务的活动过程。

学前教育管理也有广义和狭义之分：广义的学前教育管理即学前教育行政管理，包括国家和地方各级政府的教育行政管理；狭义的学前教育管理即学前教育机构管理，主要指幼儿园管理。本书所要探讨的主要是狭义的学前教育管理。

一、学前教育管理的特殊性

学前教育管理作为管理学科的一个分支学科，有着管理的共同特征，同时具有自身的独特性。纵观学前教育管理的发展历程和趋势，可以看出，学前教育管理的特殊性主要表现在以下三个方面。

第一，管理任务的特殊性——保教结合、服务家长。学前教育的对象幼儿年龄小，生理、心理机能发育不够完善，对环境的适应能力差，抵抗疾病的能力弱，缺乏独立生活能力，需要成人的爱护、照料和引导，这就决定了学前教育机构的管理不同于小学、中学。学校制度化、组织化的教育管理在托幼机构不太适用。学前教育管理要遵循保教结合的原则，注重养护与教育并行；注重园所环境的创设，确保生命安全；注重日常生活和游戏，开展以兴趣为导向的多种形式的活动，让孩子们在自由、愉快和有益的童年生活中成长，促进幼儿身心全面发展。学前教育不仅具有保教功能，还兼具明显的福利性，为家长提供托幼服务。因此，在管理上特别关注与家庭、社区的联系，以灵活多样的方式加以管理，而不可能有绝对统一的标准。

第二，办学方式的特殊性——多渠道、多元化办学。从世界学前教育管理发展的趋向来看，学前教育并非完全由国家包办，各国政府都通过拓展渠道，鼓励各方面力量，多元化、多形式办学以促进学前教育的发展，满足社会的不同需求。政府在经费上的支持倾向于低收入家庭，除公立园所，对非营利性私立机构也给予补助。此外，在进入市场经济的新形势下，更需要营造有利于幼儿教育发展的政策环境，调动社会各方面力量和资源，注重发挥民间办学的积极性，根据各地实际与需要，兴办多样化的幼儿教育。政府的经费投向应转向农村和低收入家庭，扩大幼儿教育的受益范围，维护教育公平。

第三，管理体制的特殊性——综合协调。学前教育的福利性、社会性、公益性的性质，决定了其在管理上具有不同于一般教育管理的特殊性：不是仅依靠教育行政部门的单一垂直管理，而是将行业化管理与社会化管理相结合，发挥社会协调功能，注重综合管理。目前世界各国的学前教育管理多采用二元联合管理模式：一是教育性机构；二是福利性机构。我国学前教育管理曾实行的是“地方负责，分级管理，有关部门分工负责”的形式，教育行政部门主管，同时注重与卫生、民政等部门定期联系并形成制度，既分工负责又协调合作。

二、学前教育管理的基本过程

学前教育管理过程是指管理者在教育行政部门的领导下，遵循学前教育管理的原则，组织全体成员，充分利用人、财、物、时间、空间、信息等资源，充分发挥计划、组织、控制、激励等职能，促使整个学前教育系统高效运转，实现预定目标的过程。

管理过程是一个动态的过程，包含一系列相互联系的阶段，每一个阶段叫作“一个环节”。现代质量管理的奠基者、美国“统计质量控制（SQC）之父”沃特·阿曼德·休哈特于1930年提出质量管理的PDCA循环的构想：P(Planning)——计划；D(Do)——执行；C(Check)——检查；A(Action)——处理，他的观点吸引了质量问题领域工作人士的兴趣。美国质量管理专家戴明博士于1950年再度挖掘出来，并加以广泛宣传和运用于持续改善产品质量的过程中。所以PDCA循环又称为“戴明环”。此循环包括四个环节，即计划、执行、检查、处理（或总结），这四个基本环节构成了管理活动的周期。

第一，计划：这一阶段是管理活动的起始环节，主要包括制定工作方针目标、规定工作任务、确定活动项目和设计方法步骤，以及制定行动方案。

第二，执行：这一阶段主要是实施上一阶段所规定的内容，将计划付诸时间活动。这是管理过程的实质性阶段。

第三，检查：这一阶段主要是在计划执行过程之中或执行之后，检查执行情况，看是否符合计划的预期效果，有无偏差，并找出原因，以加强对执行工作的有效控制。

第四，处理（总结）：这一阶段主要是回顾计划实施的全过程，根据检查结果，采取相应的措施对全过程进行总结、调整、改进。成功的经验加以肯定并适当推广、标准化；失败的教训加以总结，未解决的问题放到下一个PDCA循环里。

以上四个过程不是运行一次就结束了，而是周而复始地进行，一个循环完了，解决一些问题，未解决的问题进入下一个循环，这样阶梯式上升的。

全面质量管理活动的全部过程，就是质量计划的制订和组织实现的过程，这个过程就是按照“戴明环”不停地周而复始地运转的。因此有人称其为“质量管理的基本方法”。

“戴明环”实际上是有效进行任何一项工作的合乎逻辑的工作程序。将其运用到幼儿园管理活动中，有助于提高管理的成效。依照“戴明环”理论，幼儿园管理过程包含计划、执行、检查、处理四个环节，这四个环节相互联系，并贯穿于各项管理活动的始终。

三、学前教育管理体制的实施

下面从幼儿园的角度对学前教育管理的体制进行分析。

（一）园长负责制

1. 创设良好的园区条件

园长负责制的实施需要上级教育行政部门的调控与支持，创设良好的外部条件。一方面，上级教育行政部门要依据国家的教育方针政策，把握学前教育的总方向，理顺体制，建立和完善相应的法律法规制度，为园长的聘用、园长负责制的实施提供政策支持，使之有法可依，有章可循；另一方面，主管部门应深化改革，对于幼儿园的管理应重于宏观调控，简政放权，不干涉和代替园长的工作，使幼儿园成为一个相对独立的实体，赋予园长办园自主权。

2. 建立科学的内部制度体系

建立科学的内部制度体系可以保障幼儿园园长的职、责、权统一，这是实施园长负责制的关键。内部制度体系主要包括以下三个方面。

（1）岗位目标责任制。根据幼儿园工作需要和相关规定，设置工作岗位，制定岗位工作目标、任务和质量标准，制定考核奖惩制度，有助于园长及教职工明确岗位职责，各司其职，分工合作。这样有利于园长宏观驾驭整个幼儿园工作，提高管理效益。

（2）教职工聘任制。园长负责制下的园长拥有人事管理权，可以根据幼儿园岗位设置情况，制定人员聘用的依据，采取公平竞争，择优选聘教职员工。这样有利于教职工队伍的优化组合，可以调动广大教职员工的工作积极性，提高他们参政议政的主动性。这是实施园长负责、群众民主管理的重要因素。

（3）结构工资制。教职工劳动报酬实行结构工资制，依据对教职工的工作进行全面的检查考核，将考核结果与报酬挂钩，多劳多得、优劳多得、责重多得。这样职、责、权相统一，可以激发广大教职员工的工作积极性，提高管理的效果。

（二）幼儿园规章制度

规章制度是指用人单位的规章制度，是用人单位制定的组织劳动过程和进行劳动管理的规则和制度的总和，规章制度也称为“内部劳动规则”，是用人单位内部的“法律”，是任何一个组织正常运转的保证。

幼儿园的规章制度是幼儿园的基本活动准则，是为实现幼儿园目标，对幼儿园各项工作和对各类人员要求的系统化、条理化。它规定教职工必须遵守的行为准则和工作规程，是幼儿园的“法律”。

幼儿园规章制度是科学管理幼儿园的重要保证。幼儿园规章制度的作用具体体现在以下三个方面。

第一，保证正常工作秩序，提高管理成效。幼儿园是多层次、多结构的组织系统，要实现幼儿园的工作目标，就必须制定相应的制度规范，用以协调各方面工作和各类的行为。幼儿园科学的规章制度的建立，使事事有章可循、人人明确职责，有利于将全体教职工纳入科学管理轨道，从而建立起正常的工作秩序，提高管理的成效，保障教育目标的实现。

第二，制约规范作用。幼儿园各项规章制度是具有一定约束力和强制性的行为准则和工作规程的条文，这些规章制度的实行，让全园教职工明确在何时、在哪种情况下应该做哪些事情，怎样做才是符合要求的，违反哪些制度就要受到怎样的批评和处罚等，对全园教职工具有制约、规范作用，从而使教职工吸收经验教训，调整行为，纠正错误，更好地实现保教目标。

第三，指向作用。幼儿园的规章制度有着明确的目的要求，它既是组织的活动准则，又反映了社会的道德规范和优良的文化传统，可以为幼儿园的全体成员指明行动的方向。在贯彻执行各项规章制度的过程中，教职员工逐步地将外部规范内化为自觉的责任意识，有助于形成健康的园风园纪，从而较好地发挥教育机构的文明辐射作用，对改善社会风气和创设精神文明环境发挥了积极的作用。

（三）教师聘任制

人是管理的核心要素，也是管理要素中最活跃、最积极的要素。对人的管理已经成为现代幼儿园管理的根本任务。而如何充分地调动人的积极性，更好地发挥人的潜能是人员管理的关键问题。面对市场的激烈竞争，能否建设一支高素质的教育队伍，将会直接关系到幼儿园的发展。实行教职工聘任制，遵循“公开岗位、公平竞争、择优录取、合理流动”的原则，实行以岗择人，量才用人，使教职工产生紧迫感和危机感，不断地激励教师提高自身素质，提升办园的整体水平。

1. 教师聘任制的形式

教师聘任制依其聘任主体实施行为不同可以分为以下形式。

（1）招聘：幼儿园科学设定招聘考核程序，面向社会公开，竞争择人，从而为幼儿园招聘到专业、层次、年龄和能力都合适的教师。

（2）续聘：聘任期满后，幼儿园在年度考评基础上确定受聘资格，考评等级必须是优秀或称职者才能继续签订聘任合同。

（3）解聘：考核为不称职的老师，幼儿园不再继续聘任该教师，双方解除合同关系。如果受聘教职工在聘期内，有严重违反规定的行为，幼儿园可随时终止聘任。

（4）辞聘：受聘教师主动请求与幼儿园解除聘任合同。

2. 教师聘任制的实施

（1）设岗。幼儿园按照编制标准设园长、副园长、教师、保育员、医务人员、事务人员、炊事员和其他工作人员。各省、自治区、直辖市教育行政部门可会同有关部门参照国家标准制定具体规定。幼儿园根据相应的法规和本园的实际情况设定相应岗位。

（2）报岗。根据设岗情况，全体教师结合自己的实际情况，写出报岗申请并提交。报岗申请一般注明报什么岗，能否胜任该岗位等方面的内容。

（3）定岗。本着条件公开、政策透明、机会均等、择优录用的原则选择合适的人才上岗。

幼儿园对教师一般一年一聘，凡聘任上岗的教职工，可得到相应的岗位效益津贴；内退或落聘人员无岗位效益津贴。这样充分调动了广大教师的积极性，给幼儿园增添了生机和活力，促进了幼儿园的长足发展。

第二节 学前教育中幼儿园的连锁经营与管理

一、学前教育教学中幼儿园的连锁经营

（一）幼儿园连锁经营的特征

1. 从经济管理的角度看幼儿园连锁经营的特征

幼儿园连锁经营的规模优势，主要体现在以下三个方面。

（1）采购、仓储、配送的规模优势。通过对分园基本用物采购权的集中，可以因为获得批量优惠而降低采购成本。在集中采购基础上实现合理库存和集中配送，避免库存过多或缺销，这是个别园运营很难做到的。

（2）品牌宣传和公关的规模优势。由于连锁园遍布一个区域、一个城市甚至全国、全世界，其总园可统一进行品牌塑造、广告宣传和社会公关，其费用可以分散摊薄，这是个别园运营很难做到的。

（3）开发研究和教育培训的优势。连锁园可以在系统内聘请专家指导，设置研究课题，组织教育培训、专题进行课程研究和特色开发。其各种经验和成果可在整个体系内推广，这是个别园运营很难做到的。

2. 从连锁管理的角度看幼儿园连锁经营的特征

（1）科学化专业化。通过将经营分为总园和分园两个层次，使得各自的职能分工更加明确，总部负责规划设计和统一品牌经营，而分园则专注于实际操作和技术提升。这种专业化模式打破了个体运作的习惯，使得分园能够更好地借助总部的资源和经验，实现专业技术的提升。更重要的是，科学化专业化的模式通过技术共享降低了技术开发的成本，为整个园区体系的可持续发展提供了有力支持。

（2）简约化集中化。通过简化作业流程和工作岗位，减少了经验因素对经营的影响。操作手册对各岗位有详尽规定，使得员工能够在短时间内掌握操作要领。这种简约化不仅提高了工作效率，而且使分园的开办变得相对简单。连锁园通过实现经营管理的专业化、标准化和集中化，使得开办过程

变得统一规范，为新分园的迅速开设创造了有利条件。

（3）规范化标准化。连锁园通过标准化体现了规范，确保了连锁园在宏观和微观两个层面的一致性。宏观的“五个统一”覆盖了多个方面，包括了整体运营的一致性，确保了品牌形象的统一性和运营效果的一致性。微观方面则包括了服务标准化、设备陈列的统一以及员工培训的规范，这种一致性不仅满足了消费者对标准化服务的需求，还在不同区域开设时产生了相同的效果，增强了消费者的信任和认可。通过规范化标准化，连锁园在市场中建立了强大的品牌形象，提高了竞争力。

（二）幼儿园连锁经营的方式

连锁经营模式，“连锁”不仅是一种业态，更是一种重要的组织经营形式。连锁的起源来自专业化分工，并在实践中逐渐得到完善，为了降低成本，使管理更加规范化，企业往往需要优化资源配置，将流通过程中的各种要素进行统一分配管理。作为学前教育机构的代表，幼儿园不仅兼具企业的性质，在实践中更是容易实施连锁经营。作为连锁经营模式的一种，连锁经营具有独特的方式，具体可归纳为以下三点。

第一，多店铺组织。多店铺组织通常由总部控制，至少由三个分店组成。这种商业模式的核心在于通过集中管理和监控多个分店，实现规模效益和品牌一致性。多店铺组织使企业能够更广泛地覆盖市场，提高品牌曝光度，从而增强市场竞争力。总部作为中枢，负责制定整体战略、标准化运营流程，以确保各分店在业务运作和形象呈现上保持一致性。

第二，网络化流通。从业务运营的角度看，连锁经营实质上是网络化的流通，通过建立供货网络控制上游企业，扩大规模增加市场占有率，信息网络是协调的关键。在这个模式下，连锁企业通过构建稳固的供货网络，能够更好地影响和控制产品的生产和流通，确保供应链的高效运转。通过网络化的流通，企业能够更迅速地适应市场变化，提高产品和服务的灵活性，满足消费者多样化的需求。信息网络在这一过程中扮演着协调的重要角色，通过实时的数据交流和分析，帮助企业更准确地预测市场趋势，及时进行调整。

第三，标准化管理。为成功实施多店铺组织和网络化经营，标准化管理更加至关重要。其目的是确保连锁店具有统一形象，简化管理工作，保持商品供应和服务质量稳定水平。标准化管理通过建立统一的操作标准和流程，确保各分店在经营活动中遵循相同的规范，提高效率，减少误差。同时，标准化还有助于维护品牌形象，使消费者在不同地点的连锁店中能够获得一致的购物体验。这种一致性不仅增加了顾客的信任感，也为企业树立了可靠的品牌形象，进一步推动了连锁经营的成功发展。

二、学前教育教学中幼儿园连锁经营管理实践

（一）幼儿园连锁经营的安全管理

幼儿园安全管理是一个涵盖广泛领域的系统工作，旨在确保孩子在校园环境中的全面安全。这一体系涵盖了多个方面，包括食品安全、儿童人身安全、设施设备安全以及校车安全等。

食品安全是幼儿园管理的一个至关重要的方面。为了保障孩子们的身体健康，食品安全管理不仅关乎食品供应方，还涉及厨师、保健医生，以及教师或保育员和园长等多个层面。这一管理涵盖了五个关键环节，其中包括了食品供应方的负责、厨师的操作过程，以及保健医生的专业监督等。

对于教师或保育员而言，在幼儿接收园方发放的餐点之前，他们承担了关键的检查责任。他们需特别关注食物是否受到污染和细菌滋生的情况，以确保提供给孩子们的食品是安全的、卫生的。在这一体系中，园长是责任链的最终节点，负有对整个食品安全检查四道关的人员进行监督的责任。园长在确保教职员工履行其食品安全职责的同时，也需要在管理体系中发挥领导作用，确保整个园所的安全得到维护。因此，园长的责任不仅停留在监督层面，更是整个园所安全管理的最终责任人。

另外，一些连锁幼儿园在管理上借鉴了连锁餐饮的供应链管理模式，引入了“第三方物流”概念。这种管理方式通过第三方机构负责采购和配送，从而带来了一定的便捷性。然而，这也带来了一定的监管难度。第三方物流在承担了采购和配送责任的同时，需要在供应链的各个环节都确保符合严格的食品安全标准。

总体而言，幼儿园安全管理是一项极为复杂而又至关重要的任务。在确保孩子们受到全面保护的同时，管理者需要在不同的层面上建立有效的监管和协调机制，以确保安全管理体系的全面有效运作。食品安全管理的五个环节，以及对连锁幼儿园供应链的管理，都是为了构建一个安全、健康的校园环境而不懈努力的一部分。

（二）幼儿园连锁经营的培训管理

培训管理属于人力资源管理中的一个环节，是由人力资源管理部门主办的，需要其他部门全方位配合。是为了增强员工的工作能力、提高工作效率，端正工作态度而提供和创造的一种学习机会和学习条件，使组织内人员更好地适应目前及未来的工作岗位，也是员工在企业内能够得到职业发展的一种管理活动。幼儿教育机构的培训主要是针对幼儿教师专业技能实践的培养和训练，以便更好地将知识传递给学龄前儿童。

1. 成立培训部门

连锁幼儿教育机构的培训管理是一个庞大的体系。连锁幼儿教育机构的人力资源部门一般进行行政方面的工作，如招聘解聘、雇佣合同的签订、工资核算等，对于发展良好的大型连锁教育机构而言，光总部的行政、管理人员就达到上百人，所有机构内的教师则多达上千人，若仅仅依赖人事部门人员来安排培训，人力资源部员工将会肩负重大的工作压力。

2. 建立考评制度

在幼儿园连锁经营中，建立有效的考评制度对于培训和管理是至关重要的。

（1）明确培训目标：确定培训的具体目标，如提高教职员工的教学质量、提升管理水平、促进园所整体发展等。

（2）制订培训计划：制订详细的培训计划，包括培训内容、培训时间、培训方式等。确保培训内容能够满足员工在实际工作中的需求。

（3）制定考评标准：确定清晰的考评标准，以便测量员工在培训后的表现。考评标准可以包括教学技能、沟通能力、团队协作等方面。

（4）建立考核工具：制定相应的考核工具，可以是问卷调查、观察记录、实际案例分析等。确保考核工具能够客观、全面地评价员工的表现。

（5）设立考核周期：确定考核的时间周期，可以是每学期、每年度等。定期的考核有助于发现问题并及时进行调整。

（6）设立奖惩机制：建立奖惩机制，对表现优秀的员工给予奖励，同时对表现不佳的员工进行适当的惩罚或帮助。这有助于激励员工积极参与培训。

（7）提供反馈机制：为员工提供明确的培训反馈，包括优点和需要改进的方面。这有助于员工了解自己的表现，同时提供改进的机会。

（8）持续改进：定期评估考评制度的有效性，并根据反馈和实际情况进行调整和改进。确保考评制度能够与园所的整体发展目标保持一致。

（9）建立培训档案：为每位员工建立详细的培训档案，记录其参与的培训课程、考核成绩、个人发展计划等信息，以便全面评估其职业发展。

（10）定期培训评估：定期对整体培训计划进行评估，检查是否有必要更新培训内容和方法，以适应幼儿园连锁经营中的变化和发展。

第三节 学前教育中幼儿园工作管理质量的提升

一、学前教育中幼儿园保教工作管理及质量提升

“保教工作是幼儿园的中心工作，是幼儿园里工作量最大、最经常、最基本的工作，是幼儿园工作质量最直接、最明显的体现。”[①]管理者应高度重视提高保教工作管理水平。

（一）幼儿园管理中保教工作的地位

保教工作是幼儿园教育的中心任务。保教工作做得如何，反映了幼儿园的水平，也直接影响着幼儿园的教育质量。

1. 保教工作是幼儿园双重任务的核心

幼儿的健康是第一位的，幼儿没有健康的体魄，就没有今后的发展。而为幼儿创设良好的生活和学习环境、教育环境，科学合理地安排组织幼儿的一日生活，提高幼儿的健康水平，预防和减少疾病以及意外事故的发生，是学前教育最基本的任务，也是幼儿园保育工作中最基本的任务。保教并重的原则是对幼儿实施有计划、有目的的教育，并使幼儿在体、智、德、美诸方面都得到健康和谐的发展。因此，幼儿园保教管理工作是整个管理的核心。

幼儿园承担着教育幼儿和为家长服务的双重任务。幼儿园的双重任务是相辅相成的。作为教育机构，保教幼儿、促进其身心健康发展应是幼儿园的

① 张凤，季首领，郭克功．学前教育管理［M］．沈阳：辽宁大学出版社，2013：100.

主要任务，是设立幼儿园根本目的之所在。幼儿园正是通过保教好幼儿而实现为家长服务的目的。因此，保教工作是幼儿园双重任务的核心。

幼儿的年龄特点决定了幼儿园教育的独特性，主要体现在保育工作与教育工作相结合上，二者是相互融合、同步进行的，即保中有教，教中有保。

2. 保教工作是幼儿园全部工作的中心

保教工作是幼儿园全部工作的中心，这是由幼儿园的性质和任务决定的，也反映了幼儿园工作管理的特点和规律。幼儿园工作包括许多方面，主要有保教工作、卫生保健工作、总务后勤工作、师资队伍的建设等。其中，保教工作是全部工作的中心，主要原因具体如下。

（1）幼儿园是教育机构，教育幼儿是它最主要的任务，其他工作都是为教育工作服务的。卫生保健工作保障幼儿有一个健康的身体，可以更好地接受教育。总务后勤工作提供完善的物质条件和良好的环境，以确保教育工作的顺利实施。师资队伍建设塑造高素质的教师，为提升教育质量提供人力保障。

（2）幼儿园的教育目标是培养人才。保教工作是培养人才最直接的工作，其他工作都是围绕保教工作而展开的，保证保教工作质量是保证幼儿全面发展目标得以实现的前提。因此，必须将保教工作放在中心的位置上。

（3）幼儿园的保教工作目标对其他工作目标具有很强的导向作用。每所幼儿园总是先确定保教目标，然后再根据保教目标确定其他工作的目标，如卫生保健工作目标、总务后勤工作目标等。可以说，其他工作目标都是围绕保教工作目标而展开的，其目的是保证保教工作目标的实现。

保教管理工作是对幼儿园保教工作的管理。保教工作在幼儿园整体工作中的中心地位决定了保教管理工作是幼儿园管理的核心和关键。

（二）幼儿园管理中的保教结合原则

保教结合是一个整体概念，充分体现了教育对个体全面发展的整体影响。

第一，“保”即保护幼儿的健康。健康是一个多元的、广泛的概念，它包括身体健康、心理健康和社会适应性三个方面。幼儿园的保育工作就要注重幼儿这三个方面的健康。具体而言，保护幼儿的身体健康主要包括照料幼儿的生活，保证供给生长发育所必需的营养物质，执行合理的生活制度，预防疾病及事故，开展丰富多彩的体育活动，增强幼儿的体质，使他们拥有一个健康的体魄；保护幼儿的心理健康主要是注重幼儿认知、情感、意志、人格等方面的协调发展；社会适应方面指培养幼儿探索环境、适应社会的能力，使幼儿掌握与他人交往的技巧。

第二，“教”即幼儿园的教育教学。具体而言，就是按照德、智、体、美的要求，有目的、有计划、有系统地创设良好的环境，合理安排幼儿的活动，培养幼儿良好的生活和学习习惯，丰富幼儿的知识和经验，发展幼儿的智力，促进幼儿的社会适应性，对幼儿进行全面发展的教育。

“保”侧重于生活照料，“教”侧重于心智活动。因为幼儿是一个身心和谐统一的生命个体，因此“保”和“教”是幼儿教育整体中不可分割的两个方面。“保”中有“教”，“教”中有“保”，保教相互渗透，相互影响。

“保”中有“教”，意味着保育中包含着教育的因素。现代意义上的保育不能像过去一样仅仅侧重于保护幼儿身体健康，使其免受伤害，使幼儿处于被动接受、消极防范的状态。而应当在保护健康的同时注重对幼儿进行健康教育，激发幼儿的积极自主性，提高幼儿的生活能力，树立安全意识，掌握自我保护的简单措施。而且，在幼儿的实际生活和活动中进行教育，效果更好。

“教”中有“保”，意味着教育中渗透着保育的内容。幼儿的年龄特点决定了幼儿教育首先要教给幼儿最基本的生活常识，如怎样吃饭，如何穿衣等，这既是教育，也是保育。通过一系列的生活教育，幼儿不仅掌握了健康知识，也提高了生活技能。

由此可见，保育和教育是相辅相成、在同一过程中实现的。因此，保教人员要密切配合，保教并举。只有做到保中有教，教中有保，保教并重，不偏废一方，才能保证幼儿健康成长，为进入小学奠定基础。

（三）幼儿园保教工作管理的基本程序

幼儿园保教工作的管理，是园长—业务园长或保教主任—教研组长—教师通过组织、计划、实施、调整等环节，充分利用人、财、物、时间、空间、信息等资源，以达到管理的目标进而实现育人的目的。保教工作管理的程序包括以下四个阶段。

1. 计划阶段

计划是确定行动的纲领和方案。幼儿园保教工作计划是管理者为幼儿园的未来确立目标并提出实现目标的方法和步骤的管理活动。它包括全园保教工作计划、学年（或学期）保教工作计划、班级工作计划。

（1）全园保教工作计划。由园长或业务园长根据幼儿园的未来发展预测制订的较长时间的保教工作计划，一般是幼儿园 3 ~ 5 年甚至更长时间的保教工作计划。它对幼儿园的保教工作起着统领作用。它是制订学年（或学期）保教工作计划和班级工作计划的依据。

（2）学年（或学期）保教工作计划。由保教主任根据本园保教工作长远规划制订学年（或学期）保教工作计划。它包括对上一阶段工作完成情况的分析、本学年（或学期）的工作安排。可以对保教工作进行分解，分派到各部门或具体负责人。

（3）班级保教工作计划。保教管理的基本单位是班级，一般由两名教师和一名保育员组成，从中选班长一名，负责制订班级保教工作计划，组织班级保教管理工作。要针对幼儿的现状、家长的情况及本班保教人员的情况做详尽的分析，本着有利于幼儿发展的原则制订可操作性的、有利于发挥教师自身特色的班级保教工作计划。

计划的审查一般由业务园长或保教主任负责。审查时应注意以下几个方面：①计划是否符合我国的教育方针和正确的教育思想，是否贯彻了全园计划的精神和要求，是否体现保教结合；②计划是否根据本班幼儿的情况和前段工作的不足，提出本阶段的任务要求，体现连续性和发展性；③计划是否囊括一日生活的各项活动，是否规定了每月或每周的重点培养要求，是否制定有关个别教育的内容，考虑到与家长的联系与配合；④计划是否对各项活动提出了完成的形式、方法、效果和日期。

2. 执行阶段

执行是落实计划阶段，它是实现预期目标的根本途径，是保教工作管理具有实质性的环节。执行阶段应注意以下问题。

（1）有效分工，密切合作。园长、业务园长或保教主任、教研组长、教师共同构成了幼儿园保教工作管理的组织系统。其中园长是全园工作的统帅，领导全园保教工作，要善于抓住主要问题，充分利用园内园外的各种有效资源，协调好各方面关系，调动各部门的积极主动性，形成合力，共同为实现保教目标而努力。业务园长或保教主任把园长的教育决策分解成可操作性的决策和任务，布置给下属工作人员，负责制订、督促执行保教工作计划及检查保教工作效果；教研组长负责拟订教研组计划，开展各种教研活动，检查教师的教育教学情况；教师制订本班保教工作计划并具体组织实施。四个层次各司其职，密切配合，才能促进保教计划的执行。

（2）严肃执行，灵活调整。幼儿园保教工作计划是依据主客观因素反复考虑制订的，它是行动的指南，一经制订，就应该严格按照计划执行，不能随意变更，如确需变更，必须经由保教管理组织的严格审批后才可调整，确保计划的严肃性。不过，由于计划是预先设定的，不可避免会与实际情况有差距，而且现实情况也在不断发生变化，制订绝对准确无误的计划是不现实的。这就要求我们不能机械呆板地按照计划去做，而应根据幼儿园的实际情况进行适当的调整，及时修改计划中不合理的方面，体现计划执行的灵活性。

（3）充分发挥教师的主体性。班级是实施保教工作的主阵地，教师是班级工作的组织者、领导者，保教工作计划的制订和执行要充分发挥教师的主导作用。这就要求管理者要尊重并充分体现教师的主体地位，在保证原有计划实施的前提下给教师创造更加宽松、自主的环境，允许其开拓富有创造性的教育活动课程。

3. 检查阶段

检查是为确保计划目标实现而对管理过程施加影响的一种手段。通过检查，可以进一步了解计划的合理性，存在哪些问题或缺陷，计划执行的情况如何，如何对计划进行修改，以确保计划目标保质保量地完成。因此，它是保教工作管理中不可或缺的环节。检查时应注意以下四个方面。

（1）检查内容要全面。检查的目的是督促工作更好地完成。为了全面实现保教目标，检查的内容要全面，既要检查教育工作，也要检查保育工作。检查的内容包括班级的环境情况、保教制度的执行情况、活动设计的安排是否合理、计划的执行情况、教案、教研笔记、听评课记录、教学反思等。检查要实事求是，不可弄虚作假，要细致入微，不可流于形式。只有这样才能真正发挥检查的作用。

（2）检查形式要多样。检查包括领导检查、部门或教师间互查、教师自查三种形式。①领导检查主要指园长或业务园长有目的、有计划地对教职工的工作进行检查和评价。为了确保这种检查的权威性和效果，领导要不断进行业务学习和专业研究，提高自己的业务水平和管理能力。检查必须深入实际，做到客观、公正，善于肯定成绩，发现问题，及时处理。②部门或教师间互查可以发现自身发现不了的问题，也可以解决自身解决不了的难题。它为教师和部门间的交流与合作、学习提供了一个很好的平台。③教师自查是指教师在每日教育活动中随时记录自己的教育行为并进行教学活动反思，以便及时发现问题并进行改正。它是自我教育的一种形式，可以不断提高总结的业务水平。检查时可将三种形式相结合，共同发挥检查的真正效用。

（3）定期检查和临时抽查相结合。定期检查是在规定的时间对幼儿园常规工作例行检查，它能够全面集中地了解幼儿园的保教工作情况，对提高保教工作质量起着极大的促进作用。但是也往往会流于形式。这可以通过不定期的临时抽查来弥补。由于临时抽查是在被检查对象不知情的情况下进行的，因此可以了解到他们最真实的状态，以便发现问题及时解决。幼儿园的保教工作检查要将两者结合起来运用。

（4）做好检查记录。检查记录可以帮助教师有针对性地对问题进行反复的研究，从而提出有建树的改进措施。幼儿园或教师可以根据自身情况制作一些记录表格，方便实施。例如，①教师自查表。教师通过填写《幼儿在园生活观察记录表》，对本班每一日的保教工作进行记录并将材料汇总起来，以便进行总结。因此，填表时要详细具体，实事求是，不得用简略符号来代替。②他查表。幼儿园管理者可以通过填写《教育活动检查记录表》，以此作为对保教工作进行评价和指导的依据。

4. 总结阶段

幼儿园应每学期对保教工作进行较为全面的总结，在每个阶段，也应作小结。在总结时应注意以下三个方面。

（1）要实事求是。总结时要对保教工作的各个方面进行如实的、辩证的分析和评价，肯定成绩，发现问题。不能好大喜功，只讲成绩，不谈问题；也不能把工作说得一无是处。

（2）要主次分明。总结时不要胡子眉毛一把抓，要抓主要矛盾，无论谈成绩或谈存在的问题，都不要面面俱到。要分析哪些是本质的、必然的、经常出现的现象，哪些是偶然出现的问题。对主要矛盾要进行深入细致的分析。对于成绩要善于总结经验以便推广；对问题要总结教训以防微杜渐。

（3）有理论价值。园长要指导教师对每一阶段的总结进行汇总，结合对理论文献的学习，对前一段的工作进行反思，分析取得成绩或导致失误的原因，探索规律，由感性认识上升到理性认识，以便指导今后的工作，也为开展教科研活动积累素材，还可以成为教师之间相互学习的材料。

（四）幼儿园保教工作内容的具体管理

1. 班级保教工作的管理

班级是幼儿园实施保教工作的基本单位，它作为幼儿所处的最贴近的环境和最真实的场所，对幼儿的发展起着最直接的影响。幼儿的健康成长和幼儿园工作目标的实现，都直接取决于班级保教工作的成效。

幼儿园班级是指为实现教育目标人为组织的带有一定强制性的集体，是对 3 ~ 6 岁的幼儿进行保教活动的基本组织单位，它由幼儿和保教人员共同组成。

班级是幼儿园的基层组织，幼儿大部分的活动都是在班级内进行的。班级工作既是一种教育活动，又是一种管理活动，两者统一于保教目标的实现。幼儿园的教育目标要通过班级的保教人员组织的各种学习和生活活动来实现，如果没有管理活动的参与，教育的各种要素就是散乱的，教育的过程也是杂乱的，教育的目标也就难以实现。因此，为了提高班级保教工作的效益，必须加强班级管理工作。

班级保教管理分为宏观管理和微观管理两个层次。前者指的是园长对于各个班级的宏观调控，后者指的是教师对本班级保教工作的管理。我们谈论的班级保教管理指的是后者。通过保教管理，保教人员可以将班级环境中的各种教育资源进行有效整合，开展各种活动，促进幼儿健康成长，实现教育目标。

（1）班级保教工作的特性。幼儿园班级不同于其他学校的班级，它不仅承担着教育的任务，还承担着保育的任务。班级保教工作具有以下特性。

第一，班级保教工作具有整体性。

一是班级保教工作的目的是促进幼儿的全面整体的发展。这是与幼儿园的教育总目的相一致的，也与我国的教育目的相吻合。这是因为，保教工作是幼儿园的中心工作，班级是实施保教工作的基本单位，促进幼儿全面发展的任务主要是通过班级保教工作实现的。因此，班级保教工作不能仅注重丰富幼儿的知识和技能，发展幼儿的智力，还要注重培养幼儿良好的品德，促进幼儿身心健康发展，实现德、智、体、美、劳全面发展的目标。

二是班级保育工作和教育工作是相互联系、密切配合的整体，保中有教，教中有保，不可偏颇，要保教并举。教师和保育员也是一个集体，应作为一个整体团结合作，共同承担起保教幼儿的任务。

三是班级保教目标的实现不仅依赖班级组织的各种教育教学活动，生活制度的制定和执行、环境的创设与利用等都对幼儿发挥一定的教育作用，甚至教师和保育员的言行举止和活动，共同构成教育幼儿的影响因素，对幼儿起着潜移默化的作用。因此，教师和保育员应该树立整体教育观念，创造性地将各种因素有机地结合起来，并注重自身素质的提高。

另外，班级中所有幼儿是一个整体，班级的保教活动应面向全体幼儿。这就要求保教人员在提出统一要求、注重整体发展的同时要关注个别幼儿，因人而异，因材施教，注重幼儿的全面发展与个性发展相结合，使班级中每一个幼儿都能在自己原有的水平上得到尽可能充分的、全面的提高。

第二，班级保教工作具有教育性。从目标上来看，班级作为幼儿园保教工作的主阵地，按照社会的要求，依据国家的教育方针，结合幼儿园的教育目标和任务，针对本班幼儿实际情况，实施保育和教育工作，其目的就是促进幼儿德、智、体、美、劳全面发展。从手段上来看，班级保教工作主要是通过各种活动来开展的，这些活动本身就具有教育性。除此之外，幼儿参与的其他活动、保教人员的言行举止、班级环境等都对幼儿的发展起一定的影响作用。

第三，班级保教工作具有主控性。班级保教人员作为保教活动的主体，既是教育者，又是组织者、管理者，在保教活动中起主导作用，他们组织和控制整个教育过程，包括制定保教目标、确定内容、选择方法、安排时间和场地等，使保教工作沿着既定的轨道科学合理地运转。

从幼儿自身来说，他们的身体和心理发展水平还比较低，不能掌握人的发展的规律，难以理解社会对人才的要求，他们的发展就不会是自发的，要依靠教育培养来实现。在教育活动中，教师能根据社会的要求，在充分了解幼儿的基础上，选择恰当的内容和方法，对幼儿进行良好的启蒙教育，将幼儿的发展与社会的要求统一起来。

第四，班级保教工作具有创造性。幼儿的身心发展固然有一定的规律，教育活动也有一定的规律可循，但是这些规律并非僵化的套路，理论只有与实践密切结合才能真正地发挥指导作用。各地的环境条件，各班的保教人员和幼儿的情况都是不一样的。而且，幼儿园的教育活动不同于其他学校，它是通过生活、游戏、上课、劳动、参观等多种形式相结合来进行的。这就为教师的工作带来较大的挑战。教师应充分发挥自身的能动作用，根据这些因素，充分挖掘一日生活中各种活动的各方面的教育功能，创造性地制订本班计划，选择适合于本班实际情况的教育活动，创造性地处理各种问题，探索出适合自己的教育风格与特色。

第五，班级保教工作具有开放性。幼儿教育是幼儿园、家庭、社会三位一体的教育，班级保教工作要取得预期的效果，必须与家长密切配合。这就要求教师要积极主动地与家长进行沟通，相互学习，家园合作，对幼儿实行配合一致的教育，不断提高保教工作的成效。同时，还应加强与所在社区的联系，取得广泛的支持与帮助。充分利用家庭及社区资源，形成家、园、社会一体化的教育环境，更好地实现保教工作目标。

（2）班级保教工作的内容。一般来说，班级保教工作涉及幼儿在园一日生活的各种活动，具体而言主要包括以下五个方面：①保教结合，全面安排幼儿的生活和活动；②在观察了解的基础上制定教育目标和计划，组织多种形式的活动；③创造良好的适合并促进幼儿发展的活动；④做好班级的安全卫生工作；⑤家园合作，共同促进幼儿的发展。

（3）班级保教工作管理的要求。班级保教工作管理的要求体现在以下四个方面：①了解和关爱每一个儿童；②营造宽松、温馨的氛围；③协调好各方面的关系；④密切做好家园配合。

（4）各年龄班保教工作管理。幼儿在不同的年龄段身心发展的特征和水平都是不同的，这也就决定了不同年龄班的保教工作管理也各有侧重。

第一，小班保教工作管理。小班一般面对的是 3 ~ 4 周岁的幼儿。这一年龄段的孩子，身体发展有着一定的灵活性，能够从事简单的活动，如生活活动和游戏活动。口语发展较为迅速，能与人进行简单的交流。小班的保教工作一方面要符合这一阶段的年龄特征，另一方面要为中大班的保教工作管理打好基础。但是小班的幼儿刚刚脱离家庭环境，进入一个陌生的环境，带有很大的不适应性。同时他们的各方面的发展水平较低，这也为小班的保教工作管理带来一定的难度。为此，小班的保教工作管理要注意以下几个方面。

一是让幼儿尽快适应幼儿园环境。小班的幼儿对父母的依赖感强，新入园的时候，刚来到一个陌生的环境，面对陌生的人，会产生恐惧感；生活不习惯，自理能力差，还不善于管理自己的行为；在家主要与自己的亲人交往，还不善于与小朋友友好相处，争执等行为较多；在家里生活气息较浓，计划性不强，生活比较随意，在幼儿园集体生活中，要受到纪律的约束。以上种种，导致幼儿入园后的不适应，从而造成他们情绪不稳定，上幼儿园的意愿不强。为了让幼儿尽快地适应幼儿园环境，开学前可以让家长带幼儿到幼儿园里走走，参与一些有趣的活动，一方面熟悉环境；另一方面激发幼儿的兴趣。幼儿入园后，教师不要急着教给他们知识和技能，也不要急着用常规约束他们，可以带幼儿参观幼儿园，熟悉本班和周围环境，教师要态度温和，创设一种宽松、温馨的家庭式氛围，尽量消除他们的恐惧感。也可以组织一些幼儿乐于参与的活动，激发他们的兴趣，转移他们的注意力。

二是做好常规管理工作。幼儿在家里面，生活较为轻松、随意，加之父母对孩子的宠爱、包办代替，致使幼儿缺乏良好的生活习惯，造成幼儿脱离家长的照顾，难以适应集体生活。常规训练可以帮助幼儿养成良好的习惯，提高幼儿的自理能力。常规包括生活常规和教育常规两个方面。

生活常规包括盥洗活动常规、饮食活动常规、睡眠活动常规、卫生习惯常规、入园离园常规、散步常规等。生活常规要通过反复练习、不断强化才能养成。单一的训练会造成幼儿疲累，丧失兴趣。因此，教师要富有耐心，通过故事、游戏等多种形式相结合的方式，提高训练的效果。

教育常规包括教学活动常规、游戏活动常规、班级环境管理常规、家园活动常规等。每项活动都有自身的规律和要求，教师要根据各自不同的规律和要求对幼儿进行训练，为他们以后的学习打好基础。

三是多与家长联系。一方面，幼儿新入园，差异较大，保教人员在短时间内还不能深入了解幼儿，难以采用恰当有效的方式对幼儿进行教育。如果密切与家长的联系，多方面地了解幼儿，可以快速提高保教质量。另一方面，小班幼儿的家长也不太了解幼儿园的教育理念、教育活动，有的家长甚至还没有掌握科学育儿的方法，使幼儿在幼儿园初步形成的一些习惯回到家又被破坏掉了，有可能造成“5+2 ≤ 0”的现象。因此，教师要多与家长沟通，相互交流意见，可通过召开家长会，向家长宣传科学的教育理念和方法，实现家园同步，共同做好对幼儿的保教工作。

第二，中班保教工作管理。中班在幼儿园教育中起着承上启下的作用，是幼儿身心发展的重要时期。经过小班一年的教育和训练，幼儿进入中班以后，生活自理能力大幅提高，集体意识和纪律观念有所增强，认知能力、表达能力和交往能力也有一定的提高。但是中班幼儿攻击性行为较为严重。

针对中班幼儿身心发展的年龄特征，中班保教工作管理要着重做好以下几点工作。

一是，注重发展幼儿的社会行为技能。所谓社会行为技能是指在与人交往和参与社会活动时表现的行为技能。中班幼儿由于自我中心主义仍然较强，他们还不善于站在他人的立场去考虑问题，只知道维护自己的利益和快乐。同时虽然交往活动增多了，但他们还没有掌握必要的社会交往技能，不会处理活动中产生的各种矛盾。因此，中班幼儿爱告状、攻击行为比较严重。为此，中班保教管理者要加强自身修养，在交往活动中给幼儿做好榜样，并教给幼儿必要的社会交往技能。

二是注重发展幼儿的兴趣。经过小班的学习，中班幼儿接触过的事物多了，学习的内容丰富了，参与的活动也多了。他们就会对不同的事物和活动表现出不同的兴趣。中班保教人员要细心观察，深入了解幼儿不同的兴趣爱好，并要为幼儿创设良好的教育环境，开展丰富多彩的活动，并加以正确的引导，进一步激发和发展幼儿的兴趣。

三是继续做好常规管理工作。在小班常规管理工作的基础上，中班要继续做好生活常规和教育常规管理工作。

中班生活常规包括清洁卫生习惯，如洗手、如厕、正确使用手帕、保持清洁等；饮食习惯，如就餐的文明习惯、坐姿和卫生习惯；睡眠习惯，如睡眠姿势、睡眠时间等；来园离园要求，如穿着、语言、行为等。对于中班幼儿可以采用行为练习、榜样示范、正向强化等方式进行训练，要注意纠正不正确的行为，帮助他们养成良好的习惯。

中班教育常规包括集体活动常规，如上课、参观、劳动、体育活动等；游戏活动常规，如培养活动兴趣、掌握游戏规则；其他的教育活动，如阅读、散步等。教育常规的掌握离不了教育活动。因此，保教人员要有计划地开展丰富多彩的教育活动，提出明确具体的活动要求帮助幼儿形成自觉的习惯，为他们进一步的学习奠定基础。

第三，大班保教工作管理。通过前两年的学习，大班幼儿身心发展水平都有了较大的提高。他们的自理能力、表达能力、交往能力、动手操作能力都有所提高。大班是幼儿园的最后一年，要做好以下几点工作。

一是增强幼儿责任意识。要让幼儿逐渐意识到自己是集体中的一员，应该遵守集体规则和纪律，在活动中不仅要考虑自己，还要考虑他人。保教人员应注意开展集体竞赛活动，一方面激发幼儿的集体意识和责任感；另一方面锻炼幼儿学会正确处理自己与集体、自己与集体中他人之间的关系。

二是继续做好常规管理工作。大班的生活常规包括：养成良好的饮食、睡眠、盥洗、如厕等习惯；掌握眼、耳、口、鼻等器官的卫生常识，注意保持身体清洁和仪表整洁；养成良好的行为习惯，如文明用语、友好交往等；形成初步的安全意识。大班幼儿的教育常规主要有两个方面：一方面在中班的基础上继续进行，完成健康、语言、社会、科学、艺术五个领域的教育目标；另一方面是注重幼小衔接的教育。

三是为入小学做准备。为使幼儿顺利实现幼小过渡，教师要在保教环境的布置、教学方法、活动形式和要求等方面做适当的调整。在学习方面，要引导幼儿正确使用普通话，能大胆地回答问题，培养倾听的良好习惯；指导幼儿掌握正确的握笔姿势和坐姿，训练简单的书写技能；教幼儿掌握10以内数字的读写和加减运算，能正确理解符号的意义。在身体方面，要指导幼儿加强体育锻炼，掌握基本的运动技能，以健壮的身体迎接小学紧张的学习生活。教师可以与小学取得联系，带幼儿到小学进行参观，了解小学生的学习生活，增加感性经验，从思想上做好准备。

2. 教科研工作的管理

随着社会的不断发展，新生事物层出不穷，幼儿发展及幼儿园教育活动的影响因素也在不断地发生变化，新的问题不断产生。社会的不断发展对人才的要求也越来越高，要求教育要不断提高质量。这就要求幼儿教育工作者要不断地探索新的幼儿发展的规律以及幼儿教育的规律，运用科学的方法和手段解决不断出现的教育问题，从而提高教育的效果。因此，幼儿园有必要开展教科研工作并做好管理，实现“科研强师、科研促教、科研兴园”。

（1）开展教科研工作的意义

第一，开展教科研工作有助于教师的专业成长。随着幼教改革的不断深入，在幼儿园广泛开展的教科研活动已成为转变教师观念、提高教师素质的有效手段并日益受到人们的重视。在教科研活动中，教师要不断学习有关的教育理论、科研理论等方面的知识，从而不断优化自身的知识结构发现新的教育规律和科学有效的教育方法，提高教育教学的水平。现在的教科研活动不仅促进教师的专业知识和业务水平的提高，更注重教师职业情感、实践能力等多层面、多角度的发展。在教师的行为习惯的养成上，关注教师是否拥有科学的教育方法；在培养教师的思维习惯上，以反思能力和创新能力为着眼点；在工作方式上，引导教师注重经验的积累和运用；在管理能力上，提高教师之间合作的有效性；在社交能力上，培养教师与人交往的能力。经常参与教科研活动，有助于教师的专业成长。

第二，开展幼儿园教科研工作有助于幼儿园的发展。开展幼儿园教科研工作培养一支高素质的教师队伍，可以针对本园的有利资源和存在的问题，结合先进和全面的教育理论开展研究，不断总结经验教训，促进教育教学改革，形成办园特色，提高育儿质量，从而不断提高幼儿园的声誉，实现科研兴园。

（2）教科研工作的任务和内容。幼儿园教科研工作的任务和内容主要有以下几个方面。

第一，定期开展业务学习培训活动。幼儿园制定相应制度，每周开展一次全园业务学习培训活动，学习国家教育方针政策，学习《幼儿园工作规程》《幼儿园教育指导纲要》等法规，学习幼教理论，研讨教育案例，交流教育经验，形成正确的教育理念，提高教育教学和研究技能。

第二，指导保教人员制订工作计划。组织保教人员认真钻研教育内容，充分了解教育对象，制订切实可行的保教工作计划，通过集体备课的形式设计高质量的教育活动方案，并对缺乏教育经验的教师进行指导。

第三，组织保教人员研讨教改问题。依据教育理论，针对教育实践中的热点、难点问题，结合幼儿园实际情况，确定课题并进行研讨，制定具体研究措施，提出解决的策略。

第四，指导保教人员做好工作总结。指导保教人员对自己的保教工作和科研工作进行反思，发现自己的优势与不足，通过学习和研究，不断完善，不断提高自己的教育教学能力和教科研工作水平。

（3）教科研工作的组织。

第一，建立完善的教科研管理体制。幼儿园通过教科研工作促进教师发展、提高教育质量需要长期坚持不断地进行。这就有必要建立相应的教科研管理体制，保障教科研工作的顺利进行、持续发展。为此，幼儿园要成立专门的教科研领导小组，主要由园长、业务园长或保教主任、教研组长及骨干教师组成。他们分工明确，园长总体负责教科研工作，业务园长或保教主任是园长的得力助手，直接领导开展教科研活动，领导教研组长负责课题的规划和组织实施；教研组长负责领导课题组成员具体制订和执行课题计划。

幼儿园应制定相应的教科研制度以保障实施，包括教科研人员的工作职责、学习制度、教科研计划的制订与执行制度、教科研成果的交流、汇报制度及评奖制度等。

第二，强化教师教科研能力培训。幼儿园要营造浓厚的教科研氛围，建立教科研保障机制，加强教师的科研意识，鼓励教师参与教科研活动。通过系列学习、专家指导、研讨等方法，做好教师科研课题知识的学习和培训工作，使他们明确教科研的一般步骤和基本方法，掌握收集与分析资料的基本方法，并能根据课题的特点和现有的各种条件制订适宜的科研计划，会撰写教科研报告。

第三，提供必要的财力支持。为保证教科研活动的顺利开展，幼儿园要根据全园预算，拿出部分经费作为教科研工作的专项资金，用于教科研人员培训、外出参观学习、资料收集、材料投放及科研成果的奖励等。专款专用，激励教师参与教科研活动，解决教师参与教科研活动的后顾之忧。

（五）幼儿园保教工作管理质量的提升

提升幼儿园保教工作管理质量是确保教育质量和幼儿全面发展的关键，具体可以从以下几个方面着手。

第一，建立明确的教育目标和理念：幼儿园应该有清晰的教育目标和理念，确保所有教职员工都能理解并共同遵循。这有助于构建一个共同的教育价值观和文化理念。

第二，制定细化的工作标准：确保每位工作人员了解其职责和工作标准。为每个岗位制定明确的职责和目标，以便工作人员明白他们的责任范围。

第三，持续培训与专业发展：为教职员工提供持续的培训和专业发展机会，以提高其教育水平和专业素养。这有助于保持工作人员的激情和积极性。

第四，建立有效的沟通机制：确保园内外的有效沟通，包括与家长、管理层和其他相关方的沟通。透明和及时的信息传递有助于解决问题和建立信任。

第五，建立科学的评估机制：设计科学的评估方法，以监测和评估教育质量和工作绩效。这可以帮助发现问题并及时进行改进。

第六，营造积极的工作氛围：创造一个积极、支持和合作的工作环境，有助于激发工作人员的工作热情和创造力。

第七，注重团队建设：通过团队培训、定期会议等方式加强团队协作，促进共同合作，共同为幼儿的发展目标努力。

第八，合理安排工作时间和任务：避免过度劳累，确保工作人员有足够的休息和恢复时间，以保持高效的工作状态。

第九，利用技术提升管理效率：使用适当的技术工具，如教育管理软件，来提高管理效率和信息处理的准确性。

第十，定期进行质量评估和改进：设立定期的质量评估机制，根据评估结果进行改进，不断提高管理水平和教育质量。

二、学前教育中幼儿园总务工作管理及质量提升

总务工作是幼儿园管理工作中的重要组成部分，其质量的好坏直接关系到幼儿园的各项工作的顺利开展，进而影响幼儿园的声誉。幼儿园的总务工作头绪多、摊子大，需要部门全体人员团结合作，才能共同做好总务工作，并为幼儿园其他各项工作提供强有力的保障。

总务工作，也称“后勤工作”，是为保障各单位职能活动正常进行而提供的以服务为主要目的的工作，是整个职能部门工作中必不可少的重要组成部分。幼儿园管理工作也是如此。幼儿园总务管理工作，是实现幼儿园工作科学化、正规化管理的重要一环，它从经济、物质等方面保障幼儿园各项工作的顺利进行。

（一）幼儿园总务工作管理遵循的原则

1．服务性原则

保教工作是幼儿园的中心工作，总务工作的出发点和归宿是为保教工作和广大师生员工服务。幼儿园的教育对象不同于小学生，他们的自理能力较差，因此，幼儿园的教育就呈现出保教并举的特点。这就使得幼儿园的总务工作更为庞杂，更侧重于生活和环境的管理，既要提供必需的学习用品，又要提供质优量足的生活用品和玩教具，创设优美、安全的学习生活环境，还要不断改善教师的工作、学习和生活条件，努力解决他们的后顾之忧，使其能全身心投入教育工作当中去。贯彻服务性原则要注意：①不断加强思想教育，不断提高总务工作人员的服务意识；②根据幼儿园的教育目标及教育要求，有计划地选购教学仪器、设备及各种用品，并做好保管和维修工作，为保教工作创设良好的条件；③做好日常的物质保障工作，与保教工作步调一致，把有限的经费用在急需的地方。

2. 勤俭节约原则

幼儿园要开源节流，多渠道、多形式筹集经费，勤俭节约，努力争取以较少的投入获取较大的效益。贯彻勤俭节约原则要注意：①严格遵守教育政策法规，努力做好创收工作，拓宽幼儿园经费渠道；②做好经费预算工作，严格执行财务制度，合理开支；③做好园内设施、仪器设备等的保管和维修工作，延长使用寿命，减少经费支出；④做好宣传工作，号召广大师生员工以爱护公物为荣，以破坏、浪费公物为耻。

3. 安全性原则

总务工作必须把安全工作放在非常重要的位置上来抓。幼儿园安全工作包括人身安全、财产安全、食品安全、交通安全、活动安全等。贯彻安全性原则要注意：①利用广播、影视、讲座等形式加强安全教育，不断提高师生员工的安全意识。②健全学校安全保卫制度，做到职责分明，责任到人。将现代化的技术装备运用到安全保卫工作中，全方位安装电子监控设备，逐步实现学校安全保卫工作现代化。③做好防火、防盗、防毒、防意外伤害等工作，及时消除安全隐患。④做好安全设施的日常检查和维护工作，提高应对突发事件的能力。

4. 教育性原则

幼儿园总务工作涵盖幼儿园工作的方方面面，它本身就具有教育性。它和其他工作一起，共同实现保教幼儿的双重重任。因此，要做好幼儿园总务人员队伍建设，不断提高总务人员的素质，发挥管理育人的作用。贯彻教育性原则要注意：①总务工作人员要以身作则，廉洁守法，坚决抵制各种不正之风；②重视总务工作人员队伍建设，要求每个总务工作人员做好本职工作，为师生作出榜样；③注重幼儿园内部和周围环境的绿化、美化，发挥环境育人的作用，培养幼儿热爱幼儿园、热爱生活、热爱祖国的优良品德。

（二）幼儿园总务工作内容的管理实践

1. 幼儿园环境创设的管理

幼儿园环境是指影响幼儿及教师在园活动的一切外部条件的总和。从环境的性质上来划分，幼儿园环境可以分为物质环境和精神环境。物质环境主要指的是园内建筑、教学和生活设施等有形的条件。精神环境主要包括文化环境和心理环境这些无形的条件，文化环境主要指师风园风、集体氛围等，心理环境主要包括师生关系、教师的人格特征等。

幼儿园环境创设是指教育工作者根据幼儿园教育的要求和幼儿身心发展规律，有目的、有计划地设计、实施和安排各种环境要素以促进幼儿身心主动发展的一种活动过程。

（1）幼儿园环境创设的原则。总务管理工作要为幼儿园创设良好的教育环境，主要应遵循以下几个原则。

第一，安全性原则。只有在安全的环境里，幼儿的生命和发展才会有保障。由于幼儿的年龄较小，安全意识和自我保护能力比较差，因此，幼儿园环境创设必须遵循安全性原则。具体而言，首先，要提供安全的园舍、围墙、厕所，地面要平坦。室内电器、电线布置要合理，电插板不能离孩子的床铺太近，并要定期消毒和检查。其次，室内外玩具都不能有危险性，边角都要圆滑，杜绝“三无”玩具；玩具还要经常清洗，保持整洁。最后，因为所种花草既要漂亮，又要无毒、无危险；不适宜养殖易传染疾病、有攻击性的动物。

在环境创设的安全性原则中，有一项非常重要但易被人忽视的是心理的安全性。幼儿的独立性差，对成人的依赖性强，幼儿园布置要温馨，教师对幼儿的态度要和蔼，幼儿之间的交往要和谐，让幼儿在园内有一种心理安全感。

第二，教育性原则。创设幼儿园环境要遵循教育性原则，具体而言，需注重以下两个方面。

一是环境创设要有利于教育目标的实现。幼儿园是幼儿身心发展的重要场所。幼儿园环境创设的最终目标是促进幼儿的健康发展，与教育的目标是一致的。因此，创设的环境要有利于对幼儿进行德、智、体、美等方面的教育，能够给幼儿全方位的信息刺激，对幼儿进行生动、直观、综合的教育，激发幼儿的主观能动性，促进幼儿的全面发展。幼儿园环境的创设应源于幼儿发展的需要，服务于幼儿发展的过程，其成效应反映在促进幼儿发展的结果上。

二是环境创设要符合幼儿身心发展的特点和规律。幼儿正处于身心迅速发展及个性形成的重要时期，他们知识和生活经验都比较缺乏，好奇好问、活泼好动。幼儿园要创设问题情境，能够激发他们的探索欲望，提供让他们动手操作的材料，培养幼儿的探索精神和解决问题的能力。处于不同年龄段的幼儿，他们的身心发展呈现出较大的差异，所以环境的布置也要与之相适应，小、中、大班的活动区域、设施、教玩具等可有区别地布置。环境的创设还可随季节的变化及课程的进度进行调整。例如，春天来了，可以通过环境创设，让幼儿观察春天的动物、植物，了解人们生活方式的变化，感悟春天。

第三，经济性原则。幼儿园环境创设要充分考虑幼儿园自身条件，发扬艰苦奋斗的精神，在保证清洁、卫生的前提下因地制宜，勤俭办园，达到低费用、高效益的效果。一方面，幼儿园可以充分利用本地区资源，就地取材。例如，盛产竹子的地方，可以用竹子绿化环境，制作竹床、竹桌、竹椅、书架等。另一方面，可以废物利用，变废为宝，充分发挥师生的聪明才智，自制各种玩教具，既节省了资金，又可以充分发挥师生的主动性和创造性。

第四，整体性原则。幼儿园不仅要创设良好的物质环境，还要注重精神环境的创设。物质环境是有形的，它要为幼儿园教育活动的实施提供不可或缺的物质条件，容易受到重视。幼儿园在接受检查和检验的时候，也比较重视物质环境的达标。而精神环境是无形的，容易被忽视。实际上，精神环境对于幼儿的发展一样起着无可替代的作用。精神环境创设的关键是建立融洽、和谐、平等、健康的人际关系。教师良好的教学态度和适当的教育方式，团结、和谐的同学关系，有助于形成幼儿安全、温馨的心理环境，形成健康的人格。幼儿的身体是相对柔弱的，幼儿的心理同样是脆弱的。教育的目的就是要促进幼儿身心全面和谐发展。因此，幼儿园在进行环境创设的时候，要使物质环境和精神环境融为一体，共同发挥它们的合力作用。

（2）幼儿园物质环境的创设与管理。幼儿园的物质环境是指在幼儿园内部进行幼儿教育和保育所需要的物化形态的条件，包括室外环境和室内环境。室外环境主要包括自然生态环境、活动场地、大型玩具及其他体育器材、种植区、饲养区等；室内环境主要包括活动室的空间规划、活动室的材料与布置、活动室的设备、活动室的墙饰等。

第一，室外物质环境的创设与管理。创设幼儿园室外环境，为幼儿的身心发展提供广阔的天地，可以使幼儿与大自然密切接触，有利于师生之间的有效互动，能够增进幼儿之间的交往。因此，创设良好的室外环境是总务工作管理中的一项重任。创设幼儿园室外环境，要着重做好以下四个方面的工作。

一是注重整体规划。幼儿园作为专门的教育机构，其教育目的就是促进幼儿体、智、德、美各方面的发展。幼儿园应在教育目标的指引下，结合幼儿身心发展的特点和规律，有目的、有计划地进行环境整体规划，既有利于幼儿身体发展，又能培育幼儿认知能力和审美意识。规划要全面，形成统一的整体，以促进全面发展教育目的的实现。为贯彻这一原则，在横向方面，要注重不同内容之间的内在联系，这样有助于教育目标的有机统一；在纵向方面，要适合不同年龄段幼儿的特点，由浅入深，由易到难，循序渐进。

二是合理安排场地。每个幼儿园的空间场地都是不同的，在依据相关规定设置时要因地制宜，灵活安排。充分利用园内自然物，墙面、地面、楼顶、阳台、楼梯、门厅、栏杆等都可以派上用场。场地设置要富有变化，地面要有高有低、有平面、有斜面、有阶梯、有沙坑、有草地、有树丛等，以满足幼儿多方面的需要，促进幼儿自然而均衡地发展。另外，还可以提供轮胎、木桩、板条、水管等各种废旧材料，让幼儿参与环境的布置，充分发挥他们的想象力和创造性，满足他们身心发展、认知建构、交往合作等方面的需要。

三是合理划分区域。幼儿园室外环境通常根据各种活动的不同性质和功能被分割为不同的区域，如游戏区、沙水石区、饲养区、种植区、运动区、科学观察区等。这样可以根据需要开展不同的活动，有利于师生之间、幼儿之间的交流。有些区域可以互相结合，区域共用，如水池和沙池共用、饲养区和种植区结合、绿化区和游戏区结合等。这样既可以发挥各个区域的功能，又可以有效地节省空间，一物多用，一举多得。区域的大小要与幼儿的数量相匹配，要有合理的空间密度。空间密度是指每单位面积参与活动的幼儿的数量。研究发现，空间密度过小，不足以引起幼儿丰富的交往行为；空间密度过大，会使幼儿在自由选择的游戏活动中产生消极的社会性行为。因此，要根据幼儿的数量，保持合适的空间密度。

四是配置适宜器材。在配置幼儿室外活动器材时要注重安全、适当。具体而言，选择的材料要无毒，不要带有尖细的头或角，要坚固耐用；器材的规格要符合不同年龄段幼儿的需要；同种类型的器材数量要适当，满足多数幼儿的同时需求。幼儿室外活动的器材主要有适合幼儿用的秋千、滑梯、摇船或其他可以乘坐的玩具；手推车、脚踏车、独轮车、小火车等；大型沙坑及各种形状、大小的挖掘工具；蹦蹦床，可供幼儿穿梭、攀爬的城堡及其他结构；圆桶、圆木、平衡木、小桥、迷宫；等等。

第二，室内物质环境的创设与管理。幼儿园室内空间是幼儿活动的主要场所，也是班级环境创设的主要内容。创设科学、合理的活动区域，是体现幼儿园教育水准的一个重要环节。一个结构优良的室内环境应符合以下标准：活动区数量、面积适宜；各活动区的活动互不干扰；安全、卫生；幼儿有独处的地方；对幼儿的行为具有控制的作用。

一是室内活动空间的合理规划。有条件的幼儿园可以把空间进行小型分隔，形成若干个小区域，投放不同的材料，形成不同的活动区（角），供幼儿在其中进行不同的学习和游戏活动。适宜的区域环境规划，有利于幼儿按照自己的能力和兴趣，自主地选择区域、玩具和伙伴，主动进行游戏活动、探索活动、交往活动；也有利于教师更好地观察幼儿，更好地组织班级活动，促进师幼之间良好的互动。布置活动室时，要有利于幼儿移动、建造、分类、制作、装扮的空间和材料，有利于发挥幼儿的积极性和创造性；与其他幼儿一起活动，可以增强幼儿的交往能力；还可以摊放、展示幼儿的作品，激发幼儿进一步制作的热情。

活动区域的设置应按以下要求进行：①活动区的设置应涵盖幼儿身心和谐发展的各个方面，满足幼儿各项活动的需要。一般有语言区、数学区、科学区、美工区、音乐区、益智区、角色游戏区、建构区、阅读区等。②活动区的种类、大小要依据实际空间、幼儿人数、年龄段等条件进行设置。每个活动区应有划定的范围、规定的人数及活动的规则。③活动区材料的摆放应是开放式的，能供幼儿自由选择和取放。④活动区材料应根据幼儿的兴趣、发展需要以及活动的内容进行投放，应具有启发性、针对性、操作性。⑤注意动、静不同区域的合理分隔，软、硬环境的搭配，尽量避免相互干扰，避免不安全因素的发生。⑥紧跟时代的发展步伐，及时创设反映科学技术最新发展的、开发智能的游戏以及适合儿童能力发展的有益区域。

幼儿园如果空间小，可以创设条件，如改造睡眠室为区域活动室，原活动室与可移动的睡眠室合二为一；利用走廊开设种植区域、动物养殖区域；将区域活动集中设置或分散设置，实现资源共享。

二是室内其他空间的创设与利用。室内其他空间的创设与利用见表 6–1。

表 6–1　室内其他空间的创设与利用

要素	创设与利用方法
地面	由于幼儿是在地面上开展活动的，因而地面的科学合理性及艺术性就显得尤为重要。要保暖、耐磨、耐腐蚀、防静电、隔声、吸声，同时要防滑、防潮、防水、易清洁。地面铺设要平整，避免出现台阶或凹凸不平而引发安全事故。进行地面铺设应适当铺设一些图案以满足幼儿的审美要求，增加童趣感，如可采用两色以上的防滑地砖按一定的构成形式铺设，其图案可以是排列构成，也可以是动物、植物或一些传统图案

续表

要素	创设与利用方法
墙面	墙面的布置不仅起着美化空间的作用，还可以与主题教育相结合，充分发挥幼儿个体与环境之间的交互作用。大的墙面可以设置反映一学期里比较概括的内容，主要表现为主题栏；小的墙面反映的是具体的目标，主要有出勤栏、评比栏、值日生栏、作息时间栏、幼儿作品栏、亲子栏等。墙面设置应富有童趣性、艺术性和创造性，色彩鲜艳明快，最好有可操作空间，会给幼儿以亲切、喜悦、参与的感觉。所有的东西是根据幼儿的身高来设计的，这样便于幼儿观察和选择。1m 以下，以幼儿装饰为主；1m 以上，师幼共同完成。尽可能使用可变性强的软墙，可以随时对布置在软墙上的材料进行拆除、移动、更换等
顶面	顶面的装修应视幼儿园的经济情况和空间的高低而定。幼儿园室内高度一般以 3.2m ~ 4m 为宜。太低会令幼儿产生压抑、紧张感；过高则让幼儿感到缺乏温馨、亲切的氛围，可考虑顶面装修或悬吊一些装饰物，以降低其空间，改变视觉上的空旷感。顶面的色彩应明亮，光反射率高，有助于室内外的采光。特殊环境下的顶面可以区别开来，如科学发现室，可用涂料喷绘出星空的图案，更加突出使用功能和营造环境的气氛。角色区域也可根据活动需求，绘制相应的图案。顶面的表层不能太光滑，这样有利于增强吸声效果，避免产生眩光。如果是顶层，还要考虑隔热情况。顶面装修要使用隔热、阻燃和防火性能好的材料，如石膏板、铁龙骨等。电线要放入阻燃管内，避免因电路故障而引发火灾
楼梯	要充分合理利用楼梯的墙面和地面，如靠右行走的规则脚印和幼儿作品展览等，同时要保证楼梯的安全扶手及防滑的表面，便于清洁
走廊	走廊的光线要充足，可适当种植一些植物和摆放一些盆盆罐罐，并安放在能及时被观察到的位置

第三，幼儿园物质环境的材料投放。材料的数量和质量会对物质环境的教育成效产生重要的影响。在为幼儿选择物质环境材料时，要注意以下几个方面。

一是关注物质材料的适合性和地域性。只有当环境适应幼儿的特点和需要时，幼儿才会积极主动地去适应环境，并在与环境的交互作用中获得发展。因此，所选择的材料一定要是适合幼儿兴趣和需要的、源于生活的、符合地域特点的，易于幼儿熟悉和操作。

二是关注物质材料的自主性和可操作性。幼儿能否主动与环境和材料相互作用，在很大程度上取决于他们是否有自主选择和使用的权利与条件。孩子自己选择材料，决定用材料做什么，能极大地激发幼儿通过与材料相互作用来学习的积极性。因此，墙饰布置和材料的摆放要便于幼儿按自己的兴趣、需要选择材料。要给幼儿一定的时间和权利，让他们自己决定操作的内容、进度和次数。

三是关注物质材料的探索性和互动性。幼儿喜欢摆弄东西，能通过操作材料、改变环境来满足自己的需要，而不是仅仅去适应环境与设施，因此，创设的环境和投放的材料应具有广泛的探索、想象和创造的空间，能激发幼儿的创造想象，使之积极地动手动脑。同时所提供的物质材料要便于教师与幼儿、幼儿与幼儿之间互动。

四是关注物质材料的多样性和实用性。提供的物质材料应数量充足、种类多样，能适应各种发展水平的幼儿开展各种各样的活动，促进幼儿多方面的发展。要尽可能在保证安全卫生的前提下，本着节约的原则充分挖掘实用性强的资源，可以利用废旧物品进行改造，既能够满足需要，又可以激发幼儿的想象力，让幼儿积极地动手动脑。

（3）幼儿园精神环境的创设与管理。客观环境中的各种事物只有被人们感受和体验时，才能对人的心理和行为产生影响。这些对人的心理产生实际影响的环境因素，我们称为“心理环境”，包括对人产生影响的一切人、事、物。幼儿园作为群体式的保育和教育机构，其心理环境包括幼儿生活、学习和游戏的全部空间，特别是幼儿的学习、活动及生活的气氛，幼儿园的人际关系及风气等。一个使幼儿感到安全、温馨、自由、平等的心理环境，对幼儿的身心发展起着潜移默化的影响作用。因此，我们在创设优良的物质环境的同时，一定不要忽视精神环境的创设。

第一，热爱、尊重并了解幼儿，建立温馨、平等的心理环境。教师的责任不仅是传授知识，更是要以宽广的胸怀去热爱每一个幼儿，并建立公正、理智的爱。通过深入了解每个幼儿，设身处地体验他们的行为，耐心观察，真诚对待，实现对每个幼儿一视同仁。这样的关怀和尊重不仅体现在言行间，更是一种教育理念的贯彻。

第二，创设良好的学习气氛，调动幼儿的学习积极性。宽松自如、民主和谐的环境被视为是学习的前提条件。为此，教师需要不断努力，创设积极的学习氛围，通过巧妙的手段调动幼儿的学习积极性，使他们在轻松愉快的氛围中参与各种活动。只有在这种轻松积极的学习环境中，幼儿的学习兴趣和主动性才能够得到最好的激发和发展。

第三，引导幼儿建立良好的同伴群体。教师在这一点上的作用非常重要，他们需要引导积极的群体影响，建立一个良好的幼儿群体。通过正面的引导和集体教育，教师促使幼儿在积极的群体氛围中成长，从而实现身心的全面健康发展，这不仅涉及个体幼儿的成长，也涉及整个群体的和谐互动。

第四，建立良好的人际交往与人际关系。通过富有感情的交往活动，教师能够有效地消除教师与幼儿之间的冷漠与紧张，建立起一种亲密而信任的关系。教师应该成为幼儿人际交往的榜样，通过自身的言行，培养幼儿良好的交往品质，有效训练他们在社交活动中的能力。这种有效的人际交往对于幼儿的身心发展至关重要，不仅是在个体层面上，更是对整个学校环境有积极影响。

2. 幼儿园财务管理体系

随着社会的发展，学前教育逐渐步入市场化，由单一的办园模式向多元化方向发展。规范的制度、严格的程序、细致的管理，才能使幼儿园有限的资金活起来，为幼儿园各项工作得以正常运行提供物质保证，更好地为幼儿教育服务。

（1）幼儿园财务管理的基本原则

第一，贯彻执行国家有关法律、法规和财务规章制度，坚持勤俭办园的方针。

第二，正确处理事业发展需要和资金供给的关系，社会效益和经济效益的关系，国家、集体、个人三者之间利益的关系。

第三，坚持“量入而出、收支平衡”原则，精打细算，厉行节约，合理分配，提高资金使用效率。

（2）幼儿园财务管理的主要任务

第一，建立、健全幼儿园财务管理体制和规章制度。①实行财务工作园长负责制。园长要熟悉、了解本园的财务工作，掌握一定的财务管理知识，全面负责本单位的财务工作。②单独设置财务机构的幼儿园，实行“统一领导，统一管理”的体制。没有单独设置财务机构的幼儿园，实行“集中管理，分园核算”的体制。幼儿园设会计、出纳各一名，在园长的领导下，管理园内财务活动，统一向财务机构报账。③建立健全各项财务制度，严格实行财会人员岗位责任制。建立健全各项经费入账制度、报销制度、财务和出纳岗位职责、财产分类制度等，使幼儿园财务管理有章可循、有据可依，合理支出。幼儿园财务人员应认真履行工作职责，严格执行各项规章制度，定期核对、公布收支情况。

第二，合理编制园内经费预算，依法多渠道筹集事业资金。虽然学前教育事业具有福利性，但也要讲究科学经营，合理使用有限的资金，提高教育资源的有效利用率，降低成本，实现社会效益与经济效益的统一。为此，要加强经费使用的计划管理，本着“瞻前顾后、统筹安排、保证重点、照顾一般”的原则，认真编制预算。编制预算时，要有计划地全面安排，分清主次轻重，一般以保教工作的需要作为预算的重点。预算要留有余地，以便解决计划外的特殊需要。预算由财会人员制定，报园长审批，然后上报有关部门。

资金是财务管理的主体。在计划经济体制下，幼儿园的经费主要源于上级行政主管部门。目前，我国正处在高速发展的社会转型期，幼儿园正面临着办园体制和经营管理的改革，公办、民办、合作办园多种形式并存。公办幼儿园的经费不足一直制约着幼儿园的发展。因此，幼儿园仅仅依靠上级下拨的幼教经费是远远不够的，应敢于面向市场，审时度势，抓住机遇，大胆改革，拓宽财路，多渠道筹措资金，实现以园养园，提高自我发展的能力。幼儿园要依据双重任务的性质和有偿服务的原则，参照民办幼儿园的收费标准和大、中、小学的收费办法，逐步实行优质优价的收费原则，这样既有利于幼儿园之间的良性竞争，也有利于促进学前教育的健康发展。

第三，合理分配，提高资金使用效率。幼儿园的各项工作对资金的需求不平衡，应本着照顾重点、兼顾一般的原则合理地分配有限的资金，确保幼儿园各项工作顺利开展。幼儿园的经费支出主要有两项，即人员费和公用费。人员费包括职工工资、奖金、医疗费等。公用费包括办公费、业务培训费、水电煤气费、维修费、设备费、资料费等。在资金管理过程中，应注意将幼儿园的各项工作按照主次轻重缓急的顺序安排好，根据需要合理地分配，保证最重要的事情的完成。

（3）幼儿园财务管理应注意的问题

第一，园长要树立经营管理理念。在市场经济条件下，幼儿园面临着新的挑战。幼儿园要生存、发展，就必须增强自身的竞争力。这就要求园长要及时转变思想，接受新的管理和教育理念，做一个懂管理、善经营的“职业型”园长。但是幼儿园的经营不同于企业，其特殊性体现在管理的经济价值和教育价值同时并存又往往是相冲突的，幼儿园必须在体现教育价值的前提下才能去追求经济价值。如何让幼儿园的资产不断增长，如何减少不必要的开支，如何使幼儿园的教育质量有雄厚的财力保障，需要园长拥有一定的管理思想和经营策略。

第二，处理好开源与节流之间的关系。在市场经济条件下，广开资金源已经成为幼儿园一项十分艰巨的任务。为此幼儿园管理者要想办法多渠道筹措资金，同时注意节流。开源和节流是幼儿园财务管理的两大手段，只知节流、不善开源的幼儿园会比较被动，是不能适应市场经济发展的；而只开源不节流，有限的资金很快就用完了，以后的工作就无法开展。因此，幼儿园财务管理要处理好开源与节流之间的关系，保障幼儿园在各项工作顺利运行的同时得到可持续发展。

幼儿园财务管理工作有其特殊的规律，只有在实践中不断总结，健全制度，严守财经纪律，按规矩办事，加强相互监督，严肃认真对待，才能保证幼儿园经费运行安全、高效，才能为幼儿园事业发展保驾护航。

3. 幼儿园档案管理分析

幼儿园档案是幼儿园教育教学及其他工作在一定时间内形成的具有参考价值及保存价值的材料。它作为一种重要的信息资源，记载着幼儿园的办学历史和教育教学活动，是全园师生员工德、能、勤、绩的真实记录，是从事教育教学活动、幼儿园管理、教科研工作和教育督导评估必不可少的资料，对幼儿园发展起着不可替代的重要作用。

幼儿园档案管理就是统一幼儿园的档案分类，实现幼儿园档案分类、编号、排架、检索的标准化和规范化，促进幼儿园档案工作科学发展的活动。

（1）幼儿园档案管理的种类

第一，按机构产生的文件资料分类。按机构产生的文件资料分类，幼儿园的档案资料可以分为：①上级行政部门和教育主管部门颁发的有关幼教的方针、政策、指示、决定等方面的文件资料。②幼儿园行政管理中形成的计划、总结、考核、人员、工资等方面的文件资料。③党群工作形成的会议记录，党建、共青团、工会等文件资料。④教职工代表大会形成的文件资料。⑤园务委员会产生的会议记录等文件资料。⑥家长委员会形成的家长工作、会议记录、问卷调查等文件资料。⑦保教工作产生的教育教学、保育管理、科研课题、招生、师资管理等方面的文件资料。⑧保健工作产生的幼儿健康、环境卫生、膳食等方面的文件资料。⑨总务工作产生的仪器设备、固定资产管理等方面的资料。⑩财务工作产生的会计档案。

第二，按档案资料的内容分类。按档案资料的内容分类，幼儿园的档案资料可以分为以下类别。

一是园务管理档案。①管理体制档案：主要指园长负责制实行情况以及所形成的资料信息，还包括园务委员会、家长委员会等工作机构的各类资料以及幼儿园实施民主管理的系列资料。这类资料政策性较强。②目标管理档案：主要指幼儿园在不同时段形成的目标体系。③规章制度管理档案：主要包括幼儿园的卫生保健制度、学习及教研制度、奖惩制度、考勤制度、教职工培训制度、财务制度、安全制度、岗位责任制度、财产管理制度等。④财产物资管理档案：主要指各类财产登记簿、物资的分配和发放记录、账目的检查资料等。

二是保教队伍管理档案。①人员配置资料：主要包括各时期教师、保育员、后勤行政人员及其他管理人员的配置情况，还包括不同时期的班级数量、在园幼儿数量等信息。②教师简明情况资料：主要包括全体教职工的年龄、职称、学历、阶段性工作任务、业绩、教职工在工作中形成的计划、措施、总结及教职工在职业道德、思想水平、业务进修等方面的资料。

三是保教工作管理档案。①教育教学常规管理档案：主要涉及园长对教育教学定期、不定期检查和指导所形成的资料；业务园长每周对教师备课笔记、教育笔记、反思日记进行批阅或指导的记录；幼儿园对公共活动场地、专用活动教室的使用安排；教师对全体幼儿所做的幼儿成长档案记录；教师对个别特殊儿童的过程性教育等。②卫生保健工作管理档案：包括幼儿园卫生保健制度的落实情况；对幼儿的健康检查情况的登记、分析、跟踪治疗、向家长反馈等情况；幼儿的生活、卫生用具配备及消毒情况；幼儿的饮食及营养分析、膳食调整情况；幼儿安全教育、安全设施、安全检查情况，幼儿园的环境卫生、计划免疫、疾病预防、传染病隔离情况；幼儿良好的卫生习惯的教育、培养工作情况等。③儿童发展管理档案：包括幼儿个体发展状况的分析、评估，教育工作中采取的措施、方法和效果等需及时记录并存档的资料。

四是设施设备管理档案。①房舍资料管理档案：主要包括幼儿园规划设计图纸、每学期房舍的使用情况、户外场地的划分和使用情况、绿化面积、公共活动面积、人均活动面积等。②设施设备资料管理：包括幼儿园全园设备、班级设备、各种功能场所的设备等，应每年或每学期进行登记，同时对全园设施设备的使用和检修情况进行登记造册。

（2）幼儿园档案管理的原则

科学化管理幼儿园的档案资料，可以为教学教研提供优质的服务，为幼儿园的决策提供重要依据，还能为成果鉴定及展示提供最有说服力的依据。为此，幼儿园的档案管理应遵循以下四个原则。

第一，集中统一原则。幼儿园的档案种类繁多，涵盖面广。它既是幼儿园非常珍贵的隐形财富，承载着幼儿园的发展史，又为以后的各项工作的顺利开展提供有价值的经验，必须保存完好。为此，幼儿园的档案管理实行集中统一管理的原则，必须收集齐全，规范整理，专门设置档案室，制定档案管理制度和岗位职责，由专人负责管理，确保完整和安全。任何部门和个人不得私自保存、销毁应归档的文件材料。

第二，科学性原则。首先，幼儿园档案管理的各项内容，要具有科学性。档案材料要实事求是地反映幼儿园的发展历史和工作实际，任何人不得随意篡改档案，更不能弄虚作假。其次，幼儿园的档案管理要具有科学性。要遵循档案学基础理论和形式逻辑原则，在充分反映幼儿园档案的形成规律和内容、特点的前提下，参考《中国档案分类法》，确定统一的分类体系，把同一门类档案的管理性和业务性材料集中在一起。类目排列、档号结构的确定须符合逻辑原则，同位类目之间界限清楚，不互相交叉和包容。类目设置必须有相对稳定性，在较长时期内不要随意改变。

第三，服务性原则。实施幼儿园档案管理的目的是促进幼儿园档案工作标准化、规范化和科学化，便于查找、分析和研究，从中获得启发，充分发挥幼儿园档案的作用，更好地为幼儿园工作服务。因此，无论是幼儿园档案资料的收集、整理、分类，还是建档和管理，都要以方便查阅为目的。特别是幼儿园的卫生保健工作，与之相关的信息资料要准确、全面，供应及时，保证工作的顺利进行。

第四，适用性原则。各种档案信息资料的使用频率是不同的。管理者应根据幼儿园档案的实际情况和发展水平，采用多元、灵活的管理方法，将使用频率高的档案资料放置在比较明显的位置，在类目设置、序列编排、上架检索等方面给予较多的自由度。在类目名称、档号模式、标识符号等方面，力求做到准确、简明、易懂、易记，以便于查阅。

现在，电子信息技术的广泛普及和应用为档案资料的保存和整理归纳带来了便利。管理自动化程度越来越高，档案的形式也越来越多样化，除了原有的文字类档案，还有声像档案（如录像带、录音带、幻灯片、光盘等）和照片图片档案，其数量越来越多，重要性越来越凸显。幼儿园可以运用现代信息技术，提高档案管理的现代化，使之更好地为幼儿园各项工作的开展服务。

（3）幼儿园档案管理的措施

第一，档案的收集要及时，注意资料的真实性。档案收集是档案工作的起点，档案员在平时就要注意勤动笔、勤记录、勤登记，及时收集整理，否则一时的疏漏可能使重要的信息不可追回。收集时要注意保存原始的真实的第一手资料，要注意资料的全面性和系统性。各部门平时的原始资料要保存好，每学期结束时，将资料送资料室存档，确保档案收集的完整性。

第二，档案的整理、装订要科学。档案的整理就是对办理完毕的、具有保存价值的文件材料进行系统化、条理化整理，对已经失去保留价值且很少利用的资料及时清理，做到去粗取精。整理时要分好类，在每一份的封皮上要注明内容、时间、班组，填写要清楚、准确，字迹要工整，杜绝使用圆珠笔、铅笔填写，最好用微机打印出来。封面字的书写要大小合适、美观，一目了然。装订时，上下压舌应对正，卷皮的厚度与文件材料的厚度应适应。每一个档案盒里要填写一张卷内明细表，把目录、时间、编号与卷内文件一一对应起来。最后在档案橱柜上填写一个总的档案盒的名称，以免档案盒放错地方。档案装订科学规范，以利于档案的查阅。

第三，档案的借阅要规范。查阅档案一般在阅览室进行，阅后要立即归还，并做好登记。对借出的档案，要求借阅者认真填写借阅单（借阅人姓名、时间、案卷名称）并按规定时间归还，逾期不归还要及时催要。复制机密档案资料必须经主管领导签字批准。借阅者应妥善保管档案不得损坏和转借他人，不准在档案上写字、涂改、拆页，如发现损坏或丢失要追究其责任。

第四，充分利用档案，为幼儿园服务。档案工作的根本目的，就是充分发挥档案的价值，使大家能及时地获取信息，并从信息中获取、提炼、开发出有参考价值的东西，为后面的工作提供依据或可借鉴的材料。因此，管理者应引导教职工树立善于利用档案信息的思想，充分发挥档案的价值，提高工作的效率。同时要教育广大教职工爱惜、保护档案材料。档案员要为借阅者热情服务。

第五，重视档案管理员的培养。档案管理工作是一件长期而细致的工作，需要档案管理人员具备过硬的、扎实的专业知识，掌握现代化管理工具，熟练掌握电脑操作，提高档案管理的能力，使幼儿园的档案工作更加科学化、规范化、标准化，使其更好地为幼儿园的教育教学及各项工作服务。因此，要注重对档案管理员的培养。

（三）幼儿园总务工作管理质量的提升

提升幼儿园总务工作管理质量需要综合考虑组织结构、流程优化、人员培训等多个方面，具体可从以下方面着手。

第一，建立清晰的管理体系：①制定明确的总务工作管理制度和流程，确保每个工作岗位的职责和权限都清晰可见；②设立专职的总务管理人员，负责协调、监督和评估总务工作。

第二，流程优化和标准化：①审查和优化总务工作流程，简化烦琐的手续，提高工作效率；②制定相关标准和规范，确保各项工作都按照既定的标准执行，提高管理的一致性和可操作性。

第三，信息化管理：①引入信息化管理系统，提高数据管理和信息传递效率；②使用电子文档管理，减少纸质文件，提高信息检索的便捷性。

第四，人员培训与激励：①为总务工作人员提供专业培训，使其熟悉相关管理知识和技能；②设计激励机制，激发员工的积极性，提高工作质量。

第五，沟通与协作：①建立良好的内部沟通机制，确保各个部门之间的信息畅通；②促进不同部门之间的协作，建立团队精神，共同完成总务管理工作。

第六，监测与评估：①设立监测机制，定期对总务工作进行评估和反馈；②根据评估结果，及时调整管理策略，不断改进工作质量。

第七，应急预案和风险管理：①制定总务工作的应急预案，确保在突发情况下能够迅速有效地应对；②进行风险管理，识别可能影响总务工作的潜在问题，并采取预防措施。

第八，家长参与和反馈：①与家长建立良好的沟通渠道，了解他们对总务管理的期望和反馈；②根据家长的反馈，不断改进和完善总务管理工作，提升家长满意度。

三、学前教育中，幼儿园安全工作管理及质量提升

幼儿园的安全工作是各项工作的重中之重。通过学习要明确幼儿园安全工作的重要性，注重创设安全的教育环境，做好卫生保健工作，加强膳食管理，加强幼儿的安全教育，使幼儿养成安全生活所必需的习惯和态度，为幼儿一

生可持续发展奠定良好的基础。

（一）幼儿园安全工作管理的基本作用

1. 做好安全工作是顺利实现幼儿园保教目标的保障

幼儿园是对 3 ~ 6 岁的幼儿实施保育和教育的专门机构，他们正处于生长发育的关键时期。他们虽然身体生长发育迅速，但是身体各部分机能尚未完善，极容易受到伤害；安全意识不强，对环境的适应能力不高，常常意识不到危险的存在；缺乏必要的知识经验，难以预见行为的后果，难以对危险的事情作出正确的判断；良好的行为习惯还处在形成中，并且欠缺应对危险的能力，难以有效地保护自己。基于以上原因，幼儿园必须加强安全工作管理，一方面，建立必要的安全措施，科学合理地安排幼儿的一日生活，保证幼儿的人身安全，为顺利地接受教育奠定基础；另一方面，重视安全教育工作，培养幼儿的安全意识，丰富幼儿的安全常识，促进幼儿养成良好的行为习惯，掌握一些自救方法，提高幼儿的自我保护能力。做好这两方面的工作，可以促进幼儿身心健康和发展，实现保育教育的目标。

2. 做好安全工作是顺利开展幼儿园保教工作的保障

幼儿园是集体保育和教育的机构，但是幼儿的集体意识并不强烈，自我控制能力也不高，在集体活动中相互推搡、拥挤现象时有发生；每班三位保教人员面对几十个孩子，照顾稍有不周，就可能会引发危险；幼儿适应环境的能力和抵抗疾病的能力都比较弱，容易感染疾病并相互传染。这些都会影响幼儿园保教工作的顺利进行。因此，幼儿园必须加强安全工作管理，采取必要的安全措施，尽量避免安全事故的发生，保障幼儿园保教工作在正常有序的条件下顺利开展，提高保育和教育的质量。

（二）幼儿园安全工作管理遵循的原则

第一，预防为主。幼儿园领导要时时刻刻将安全记在心间，增强防范意识，增强责任心和使命感，结合本地区的地理特征、季节等因素，事先预料可能发生的危险，并积极采取有力的措施加以防范，避免不必要的事故发生。防患于未然，是幼儿园安全工作管理的首要原则。

第二，合理组织。幼儿园要根据《幼儿园工作规程》的规定合理编班，不要出现“超员”现象，给幼儿提供一个较为宽松的活动空间，避免过于拥挤而发生意外事故。保教人员要根据幼儿的身心发展的特点制定一日生活制度和活动常规，指导幼儿逐渐养成良好的习惯，有条不紊地开展各项教育活动。活动时要时间充足，避免由于过于匆忙而手忙脚乱，发生危险。活动过程中要维持好纪律，避免因为秩序混乱而引发幼儿情绪波动，变得焦躁不安而发生危险。

第三，管放结合。所谓“管”，是指教师要指导幼儿掌握安全常规和正确的操作步骤，了解行为规范，并严格要求幼儿遵守规章制度，按要求做事情。所谓“放”是指教师要积极开展各项活动，锻炼幼儿的各项技能，增强幼儿的自我保护能力。通过“管”与“放”的结合，使对幼儿的安全管理变“完全由教师保护”为“幼儿自护与教师保护相结合”，充分调动幼儿的主观能动性，变被动为主动，从而使安全工作管理由消极防范转变为积极促进。

（三）幼儿园安全工作管理的具体方法

1. 构建安全健康的幼儿园环境

人的发展总是离不开特定的环境。幼儿园是幼儿每天学习和生活的环境，对幼儿身心全面和谐的发展及个性的发展起着非常重要的作用。然而，作用能否发挥、教育活动能否顺利开展，安全是首要问题。为了确保幼儿能够生活在一个温馨、健康、安全的环境中，幼儿园应创设一个安全、卫生、合乎标准及幼儿身心发展规律的教育场所，杜绝安全隐患的存在。为此，应着重做好以下几个方面的工作。

（1）幼儿园园舍、场地要安全。幼儿园在选址时应注意以下三个方面。

第一，远离喧闹的交通要道、车站、码头、机场、市场等场所，这些地方声音嘈杂、人员复杂、车辆众多，干扰幼儿园正常的生活和工作秩序，并会对幼儿的听力和神经系统产生有害影响；但也要保证幼儿园交通方便，便于幼儿入园，便于与医院等联系。

第二，远离易燃、易爆、有毒、有辐射的场所，如化工厂、煤气站、垃圾场、饲养场、电厂等，应设在人口较为密集的居民区里，服务半径一般为400m ~ 500m，既可以保障幼儿园有一定的规模，也可以方便家长接送。

第三，远离过于偏远的地区、治安差的地区，可选在治安机构附近，一旦发生紧急情况，可以及时报警得到救援。

幼儿园的场地设置要平坦、坚实、干燥、易于排水、日照充分、空气清新、面积大小适宜，既符合幼儿身心发展的年龄特点，又能满足幼儿身心发展的需要。

幼儿园的房舍要安全，杜绝危房存在，要定期检查和维修。现在大部分幼儿园是楼房，楼房以南向或东向为宜，有利于采光，楼层不宜过高，最好不超过四层。楼梯每阶不宜超过 12cm，踏步的深度约 26cm，坡度不宜超过 30 度。楼梯应有扶手，平台应有护栏。栏杆高度不得低于 120cm，间距不得大于 11cm，中间不设横向栏杆。材料应安全无毒、无放射源、无气味，不开裂、不掉色。班级教室的安排应是小、中班在楼下，大班设置在楼上。

（2）幼儿园设施、设备要安全。室内家具要牢固，适宜摆放在角落或靠墙的位置，数量和大小要适宜，没有裂纹、尖角，材质要环保。床应坚固耐用，四周应有护栏，高度一般为 30cm ~ 40cm，便于幼儿上下及整理被褥。桌椅要坚固，高度应可以随着幼儿身高的增长而调节。

大型运动器械要安全、适用、耐用，安装牢固，要摆放在平坦的开阔地带，距离适宜，避免过分拥挤的现象发生。要指定专人定期进行检查、保养和维修，使用时应有专门的保护措施，确保幼儿的安全。

体育活动场地应以草地或土地为宜，要清洁、平坦、开阔，排水畅通，不要留有玻璃、石块等危险物品。

应按消防部门的要求配备足够的消防设施，留有安全通道。

注意用电安全。及时检查线路，避免电线裸露、漏电现象发生。电源插座要安装在幼儿接触不到的地方，严禁幼儿自行开关电灯、电扇、电视机等电器。

热水瓶、图钉、剪刀、火柴等有危险性的物品要放在幼儿接触不到的地方。

结合季节因素做好幼儿园各种设施、设备的检查、保养和维修工作，要加强防范措施，杜绝不安全因素存在，为幼儿创设一个安全的学习环境。

（3）幼儿园教玩具、文具要安全

第一，慎选教玩具。这些物品材料要安全，一般首选塑料制品，其次是金属、木制、橡胶等制品。要无毒无味，表面光滑，颜色不易脱落，不溶于水和唾液。玩具的大小和轻重要适合幼儿，过小的玩具幼儿容易误吞。容易产生危险的玩具，如玩具弹珠手枪、喷水手枪、有噪声的玩具等不应购买。教玩具要定期进行消毒和检查，发现破损要及时维修或更换。塑料袋、薄质织物袋等不宜用来当玩具，以免幼儿套在头上引起窒息。

第二，为幼儿精心选择文具。书籍、图片画面要清晰，字体大小要适宜，颜色要柔和协调，纸张要结实，纸面要光滑而不反光，厚薄要适中。幼儿用书由于翻阅次数较多，容易破损受污染，要及时修补、更换，定期消毒。幼儿作业用纸张要质地结实，色彩以白色及淡色为宜。幼儿用笔如铅笔、水彩笔、蜡笔及绘图颜料等要安全无毒。

（4）幼儿园药品要安全。幼儿园要常备适合幼儿的一些常用药品，药品要放在幼儿接触不到的固定位置，内服药、外用药要分开放置，由专人保管，并贴上标签。给幼儿服药前，要仔细核对姓名、药名、剂量和用法，督促幼儿服药，杜绝误服、过量服药的现象发生。教师要做好交接班工作。

要妥善保管消毒剂、杀虫剂等有毒物质。要放在幼儿接触不到的地方，不要用带有其他口服药品的空瓶装有毒药品。消毒时，要让幼儿暂时离开并适当降低消毒剂的浓度。

化妆品一般都含有铅等有毒物质，要妥善保管好，尽量不给幼儿使用化妆品，如有演出确需使用，要用质量好的化妆品并施淡妆。

（5）精神环境要安全。积极健康的心理环境，有助于幼儿产生心理安全感，为幼儿好奇心、兴趣的激发营造一个良好的心理平台，从而促进幼儿创造性地发展。因此，幼儿园要注重心理环境的创设，营造温馨、和谐、宽松的氛围，密切师生之间的关系，对幼儿要多肯定、多表扬、多支持，只有幼儿情绪安定、心情愉悦，减少恐惧和焦虑，教育才能真正地发挥作用。

2. 完善幼儿园的安全管理制度

制度是社会科学里面的概念，是指一个社会组织或团体为了维护正常的工作、劳动、学习、生活的秩序，保证国家各项政策的顺利执行和各项工作的正常开展，依照法律、法令、政策制定，要求其成员共同遵守并按一定程序办事的规程。它是国家法律、法令、政策的具体化，是人们行动的准则和依据，它一般包括事件处理的基本流程、主体的责任与义务、奖惩与处罚等内容。建立科学完备的制度，可以降低管理成本，减少内部冲突，节约时间，实现“投入少、见功多”的效果。因此，幼儿园要为幼儿创建一个安全的学习环境，就要建立完善的安全管理制度。

（1）安全责任制度。由于幼儿园的安全管理工作渗透在各项工作当中，无处不在，非常琐碎，因此，仅靠园长一个人的力量是无法实现的。应该发动多人参与安全管理工作，使每项安全工作具体落实到责任人，才能真正做好这项工作。为此，幼儿园应成立一个安全工作小组或安全管理委员会，由园长总体负责，副园长分管，成员还包括教师代表、保健医生、家长代表等，在条件许可的情况下，还可以邀请社区代表、辖区警务人员参与管理。实行“定人定岗，专项负责”和“分片包干”相结合的安全管理模式。“定人定岗，专项负责”是将幼儿园整个安全管理工作分解细化为若干细小方面，具体责任落实到人，专人专项负责，如药品管理交由保健医生负责，外来人员交由保安负责。“分片包干”是将一个特定区域内的日常性安全责任交由该区域的教职员工负责，如班级活动中的安全问题由当班老师负责，厨房安全问题由厨房人员负责。

（2）专项安全管理制度。在幼儿园中，一些工作环节要特别注意安全问题，如幼儿入园和离园、户外活动、饮食、大小集会等，幼儿园有必要建立幼儿接送制度、门卫制度、材料采购制度、药品管理制度、预防接种制度、消防制度、集会和大型活动制度、车辆管理制度等，以此来规范各部门、各岗位工作，确保幼儿园安全。同时，各部门要认真学习相应的安全工作制度细则，结合本部门工作制定详细的安全工作职责，如班级岗位安全工作职责、保育员岗位安全工作职责、安全检查维修人员职责、保健医生安全工作职责、食品采购员安全工作职责、门卫安全工作职责等。实行“各司其职，各负其责”，杜绝相互推卸责任的事情发生。

园领导要注意进行宣传教育，将各项制度公布上墙，采取有效措施加大监管力度，经常进行检查督导，一旦发现问题要立即上报，及时采取有效措施进行解决，避免意外事故的发生。

（3）安全会议制度。任何一项制度都不是完美无缺的，并且时事不断变换，要求制度也要作相应的调整。幼儿园要将安全工作做到尽善尽美，就应在认真执行各项制度、做好本职工作的同时，定期召开安全工作会议，根据反馈信息，及时查漏补缺、调整工作方式、修订不合理的制度，使之进一步完善。通过会议，可以制订安全工作计划，总结安全工作经验教训，对存在的问题进行认真分析，进一步完善安全措施，防微杜渐，把安全隐患消除在萌芽状态。通过会议对全园教职员工进行安全教育，使全园教职员工人人树立“安全第一”的思想，强化安全意识。可以进行自查自纠，进一步夯实安全责任，增强教职工的责任感、使命感，克服麻痹思想，明确责任、任务，认真细致地做好安全保护工作，避免意外事故的发生，努力构建平安园所。

3. 做好日常生活中的安全工作

幼儿在园日常生活，随时随地都可能会有危险发生。因此，广大教职员工要时刻提高警惕，工作认真细致，仔细观察，防微杜渐，保证幼儿每天高高兴兴入园，平平安安离园。

（1）注重幼儿入园、离园时的安全。幼儿园应聘请责任心强、细心、耐心的门卫，负责管理大门。应规定好入园、离园时间，大门只在幼儿接送时间开放，其他时间大门紧闭，防止幼儿溜出园外。非规定时间接送幼儿的家长，应出示相关证件并进行登记。外来人员一律认真做好登记，严禁身份不明、无正当事由人员和推销商等社会闲杂人员出入幼儿园。固定幼儿的接送人，如幼儿的父母、祖父母或其他固定的人，若临时更换接送人要提前与教师联系，任何人不得擅自接走幼儿。教师应和蔼可亲地迎接幼儿入园，并与幼儿家长进行简短交流，了解一些注意事项，放学时亲自把每一个幼儿交到家长的手中。

（2）注重幼儿活动中的安全。依据幼儿教育的目标及幼儿的年龄特征，幼儿园应开展丰富多样的教育活动，以促进幼儿的全面发展，同时在活动中注重幼儿的安全。不应因怕出事而限制幼儿的活动。幼儿在园一日活动应包括: ①亲切愉快的来园活动; ②生动有趣的体育活动; ③动手动脑的教育活动; ④自由自在的游戏活动；⑤科学文明的生活活动；⑥丰富多彩的艺术活动；⑦安全整洁的离园活动。

教师与保育员要密切配合，合理组织各项活动。活动前要做好充分的准备工作，检查器械和活动场地，清洁场地上的砖头、石块、碎玻璃等，检查幼儿的衣服、鞋子是否符合活动要求。创造和谐有序的活动氛围，给幼儿讲清楚活动中应注意的问题，指导幼儿正确操作器械，加强幼儿活动常规培养。活动中应提供充足的时间和空间，避免拥挤、碰撞等安全事件发生。幼儿玩攀爬、滑梯等大型玩具时要注意保护。要确保每个幼儿都在保教人员的视线范围内进行活动，并给予全面细致的照顾，防止意外事故发生。一旦出现问题要及时救护，如绊倒跌伤、争抢玩具时摔伤等。交接班时要清点人数，并交代好应注意的幼儿及事项。

（3）注重饮食、盥洗、就寝安全。食材要清洗干净，厨房定期消毒，保持干净、整洁，厨师要定期进行身体检查。饭菜和水必须降温后再盛给幼儿，指导幼儿正确进食，不要说笑、打闹。盥洗时要调节好水温，教给幼儿正确洗手的方法，养成良好的习惯。就寝时要教给幼儿正确的睡眠姿势，不要蒙头睡觉或在被子里玩小物品，如珠子、棋子、花生米、纽扣等，以免幼儿放入口、鼻、耳中引发危险。幼儿睡眠中保教人员要来回巡视，注意观察。

（四）幼儿园安全工作管理的具体内容

1. 幼儿园卫生保健工作管理

（1）幼儿园卫生保健工作管理的意义。卫生保健工作是幼儿园教育区别于中小学教育的一大特色，是幼儿园管理的一个重要方面，具有特别重要的意义。

做好卫生保健工作有利于幼儿的生长发育。幼儿是幼儿园卫生保健工作的主要对象，他们正处于生长发育的关键时期，此时他们生长发育迅速，但身体机能尚未发育完善，适应环境的能力和对疾病的抵抗力不足，容易生病，容易受伤，他们还未养成良好的生活习惯。幼儿园通过有计划、有组织、有目的地做好卫生保健工作，科学地安排幼儿的一日生活，提供合理的营养膳食，定期体检，进行疾病的防治和生活卫生常规的培养，加强体格锻炼，从小培养幼儿健康的生活观念和良好的生活习惯，有利于幼儿的生长发育，促进其健康成长。

（2）幼儿园卫生保健工作管理的任务。幼儿园卫生保健工作管理的任务主要有：①保护幼儿的生命健康，促进幼儿的生长发育，增强体质；②培养幼儿保持、增进健康的能力，养成健康生活和安全生活的态度和习惯。

（3）幼儿园卫生保健工作管理的要求

第一，创设良好的生活环境。幼儿园是幼儿集体生活和学习的场所，它的环境的优劣直接影响幼儿的身体健康。因此，幼儿园应根据本园的实际条件和周围情况，因地制宜地创设良好的园内外环境，为幼儿的身心健康发展提供优质条件。幼儿园周围环境要安全、无污染、无噪声。园内建筑布局要合理，装潢要符合环保安全的要求。室内外布置要符合净化、绿化、美化、儿童化的要求。幼儿园设施要齐备。各班活动室要光线充足、通风干燥，有足够的空间，配备的桌椅的尺寸要适合幼儿的身高比例，要配有防暑取暖设备，配有卧室、盥洗室。盥洗室内要有流水洗手设施和适合儿童的厕所。保健室内物品设施要齐全，有流水洗手设施，无过期变质药品，药品标签明确、清楚。

第二，建立科学的卫生保健制度。建立科学的卫生保健制度有利于幼儿园卫生保健工作的顺利开展和具体落实。为此，幼儿园应注重以下制度建设。

一是卫生保健工作管理机制。虽然幼儿园都有保健医生，但卫生保健工作覆盖面广，涉及全园各类人员。因此，应建立卫生保健工作管理机构，实行园长总负责、其他工作人员共同参与的层层负责管理机制。由园长主管卫生保健工作，同时建立一支由班级保教人员、医务人员、后勤炊事人员、勤杂工、门卫等参与的卫生保健工作队伍，从而在组织上保证卫生保健工作的顺利开展。

卫生保健工作管理机构的主要职责是：①协助园长组织实施相关的规章制度，并监督执行；②研讨改进膳食质量问题，制定食谱，检查伙食、饮水和环境卫生；③密切与当地卫生保健机构的联系，及时做好免疫和疾病防治工作；④妥善管理医疗器械、药品和消毒用具；⑤向全体员工及幼儿家长宣传幼儿卫生保健常识。

二是生活制度。幼儿园应参照教育行政部门和卫生部门制定的卫生保健制度，依据幼儿的年龄特点，结合季节等因素制定科学有序的生活作息制度和作息时间表，合理安排一日活动内容，并要求全体工作人员严格执行作息时间，规范操作程序，从而培养幼儿良好的生活习惯，促进幼儿身心健康发展。制定作息时间表应注意：正确安排活动和休息的时间，动静交替；保证幼儿有充分的户外活动时间，室内外活动时间要平衡。

三是健康检查制度。健康检查制度见表 6-2。

表 6-2 健康检查制度

检查类别	具体内容
新生入园体检制度	新生入园前要进行全面健康检查，包括身高、体重、眼耳口鼻、心肺、肝脾、肝功、血红蛋白等项目。通常是由家长带着孩子到指定医院进行体检，各项指标正常方可入园。如果有不合格项，特别是乙肝、传染病等，需治疗后重新体检，合格后才能入园
定期体检制度	幼儿入园后，要定期进行体检，通常每年体检一次，其中身高、体重、视力、口腔等每学期检查一次，并做好记录和存档工作，对幼儿的身体情况作出科学全面的评价，并依此制定个别幼儿的膳食及卫生保健措施，密切与家长合作，促进幼儿健康发展

续表

检查类别	具体内容
疾病防控制度	幼儿园要始终贯彻“预防为主”的方针，加强对传染病、流行病等的防御工作。首先，严格贯彻执行预防接种制度。新生入园时应检查预防接种证，对于未按规定接种的，应通知家长带孩子去补种。需要为幼儿接种的时候，幼儿园要根据接种要求，配合接种点，做好宣传、组织、登记、缴费等工作，针对特殊儿童，如有禁忌证不能接种的儿童或出现发烧等情况暂缓接种的儿童，要与家长联系，详细告知情况，叮嘱家长等幼儿身体恢复正常后要补种。 其次，严格贯彻执行传染病疫情报告防治制度。幼儿园要根据当地近期传染病疫情，做好疾病防控工作，充分利用晨检、日常观察等机会，做好缺勤幼儿的登记及患病幼儿病因追查工作，发现患儿及疑似患儿要及时上报，并立即进行消毒，做到早预防、早发现、早报告、早诊断、早治疗、早隔离。叮嘱家长在传染病流行期间不要带孩子去人群密集的公共场所
卫生检查制度	为给幼儿创造良好的发展空间，预防传染性疾病的发生，保障卫生保健工作的顺利进行，幼儿园需建立卫生及检查制度，规定每周一大扫、每天一小扫，做到地面、门窗无灰尘、无杂物，并消灭蚊虫、蟑螂等害虫；室内物品要摆放整齐，玩具、桌椅等要定期清洗和消毒；厕所要及时冲刷与消毒；幼儿用品如毛巾、杯子等物品要做到一人一巾一杯，并每天消毒；保持室内空气流通，经常清洗和暴晒被褥；每餐前后要擦拭餐桌并消毒；教育幼儿注意个人卫生，勤洗澡、勤换衣服、勤剪指甲，不吮吸手指，饭前便后要正确洗手，吃饭不挑食，饭后要漱口；不随地吐痰、不乱扔垃圾等。幼儿园要成立卫生检查小组，对各方面卫生情况进行定期和不定期的检查和评比，督促各部门共同做好卫生工作
膳食管理制度	卫生保健工作不应仅停留在尽可能为幼儿减少细菌、病毒等因素的侵害，更重要的应是平衡幼儿的营养、增强体质、提高免疫力，因此，膳食管理就显得尤为重要。膳食管理制度包括厨房卫生制度、厨师体检制度、食材采购制度、食谱制定制度等方面。通过一系列制度的执行与监督，保证为幼儿创造营养均衡、清洁卫生的膳食条件，促进幼儿身体的发育
卫生保健登记制度	幼儿园要对幼儿健康查体表、预防接种记录表、生长发育情况记录表、出勤缺勤情况记录表、体弱儿童管理记录表、每日晨检记录、日常观察记录、传染病记录、常见病记录、事故记录、教职工健康状况记录、家长联系簿等内容进行登记、存档，及时反馈信息，促进卫生保健工作的开展

第三，加强体格锻炼。积极进行体育锻炼，增强幼儿体质及抵御能力，是维护幼儿健康的主动行为。幼儿园要严格执行一日作息制度，有计划、有组织地开展适合不同年龄幼儿的体育活动及游戏活动。幼儿每天的户外活动时间应不低于两小时。可结合季节的变化与幼儿园自身的条件组织一些幼儿感兴趣的活动，如春游、秋游、自主开发的游戏等，以激发幼儿参与的积极性。要注重并组织好冬季体育锻炼，增强幼儿的适应与抵抗能力。组织幼儿进行

体格锻炼时要考虑到不同年龄幼儿及特殊儿童的身体状况，开展适合的运动项目并注意运动量的匹配，坚持持之以恒、循序渐进、动静交替、劳逸结合的原则。

第四，重视幼儿的心理健康。幼儿的健康包括两个方面，即生理健康和心理健康。生理健康是指幼儿期各器官、组织正常生长发育，能较好地抵抗各种急慢性疾病。心理健康的幼儿一般性格开朗、情绪乐观、行动活泼又有一定的自控能力，智力发育正常，好学好问，能适应集体生活，同别人友好相处。一个心理健康的人，能较好地适应社会环境，能友好与人交流。这在注重团队精神、合作共赢的当今社会是非常必要的。但在幼儿教育中往往重视幼儿的生理健康，而忽视心理健康教育。因此，幼儿园要建立和谐的人际关系，包括师幼关系、同伴关系、同事关系、家园关系等，开展健康的、合适的、丰富的活动，营造安全、良好的心理环境，促进幼儿心理健康发展。同时要格外关注个别幼儿的特殊行为和表现，如孤僻、注意力涣散、攻击性行为频繁、过分恐惧、多动、遗尿、口吃、吮吸手指等，教师要联合家长、医务人员等分析原因，采取有效的措施，以促进幼儿健康发展。

第五，与家长密切合作。密切与家长联系可以全面了解幼儿的身体状况、饮食习惯及卫生习惯，同时可以向家长宣传卫生保健知识，指导家长正确的教养理念和方式，巩固幼儿在园养成的良好习惯。家园同心，家园同步，共同做好幼儿卫生的保健工作。

2. 幼儿园膳食管理工作分析

膳食管理的根本目的就是强身健体，使人精力充沛、免于疾病，它和卫生保健工作的目标是一致的，幼儿期是一个人身体发育的关键时期，这就决定了幼儿园膳食管理工作对于幼儿身体健康成长具有非常重要的意义。因此，幼儿园要做好膳食管理工作，保证提供给幼儿生长发育所必需的全面、均衡、充足的营养。其具体工作安排如下。

（1）科学制定食谱，提供营养膳食。科学合理地制定食谱可以保证幼儿每天摄取的营养充足、均衡，也便于膳食工作的有效进行，它是幼儿园膳食管理的重要一环。幼儿园应当在园长的领导下，由分管园长、保健医生、保教人员、炊事员家长等共同参与，依据幼儿年龄特点、活动强度、身体生长发育的规律、季节变换等因素，制定科学合理的一周食谱。制定幼儿食谱要注意以下几个方面。

第一，营养要充足。不同食物有不同的营养成分。例如，美国农业部在1992年制定的“食物指南金字塔”的基础上，重新制定了“食品金字塔”，它将食物分为六大类：第一类是谷物，富含碳水化合物、纤维素、维生素B、蛋白质和矿物质；第二类是奶制品，富含蛋白质、钙、维生素B，尤其是酸奶、凝乳、低脂奶酪等；第三类是蔬菜，富含维生素、矿物质、蛋白质、纤维素和碳水化合物；第四类是水果，含有维生素、矿物质、纤维素和碳水化合物；第五类是肉类和豆类及脂肪，含有蛋白质、碘、维生素D和铁等元素；第六类是油、糖和盐。

幼儿正处于身体生长发育的重要阶段，每个器官在发育时都需要大量的营养物质。只有为幼儿提供全面充足的营养，才能满足他们身体的需求。因此，幼儿膳食应追求食物多样性，主副食、粗细粮、荤素食合理搭配，保证幼儿全面充足地摄取营养。

第二，搭配要合理。人体对各种营养素的需求不是均等的，制定食谱要考虑幼儿对不同营养的需求，合理搭配。如果营养的结构不合理，那么一些器官就有可能发育不完全，使孩子的身体出现疲倦、无力、抵抗力下降等症状，从而增加发病率。“营养金字塔”显示人们每天摄入的食品中谷物分量应该最多，随后依次是奶制品、蔬菜、水果、肉类和豆类及脂肪、油、糖、盐。

幼儿一日膳食中蛋白质、脂肪、糖分别占总热量的12%～15%、25%～30%、60%～70%，源于动物性食品中的蛋白质占蛋白总量的1/3，豆类蛋白和植物蛋白占蛋白总量的1/2或1/3。

幼儿一日三餐要遵循早餐高质量、中餐高热量、晚餐宜清淡的原则科学安排。早餐应供给充足的蛋白质和碳水化合物，热量最好为总热量的25%；午餐应提供含蛋白质、脂肪、糖较多的食物，供给热量占总热量的35%～40%为宜；晚餐占总热量的10%～15%，不必吃得太饱，宜清淡，有利于消化和睡眠，可以安排谷类、蔬菜和水果等。

第三，品种要多样。为了充分调动幼儿饮食的积极性，在食物制作方面既要科学烹饪，尽量保证营养不流失，营养素不相克，又要注意经常变换一些花样，把营养与美味结合起来，按照同类互换、多种多样的原则调配一日三餐。由于幼儿的消化系统的功能还比较差，要制作一些易于消化和吸收的食物。

第四，选购要时令。我国幅员辽阔，各地的饮食习惯及物产不尽相同，选购食材应因地制宜，充分利用当地资源，同时结合季节特征选择时令蔬菜和水果。这样不仅节省了资金，更重要的是可以降低催熟剂等对幼儿身体的危害。

（2）进行营养分析，及时调整完善。幼儿园以园长为首的伙食管理委员会应根据幼儿的年龄、生长发育的情况、季节等因素定期对食谱进行分析，从而掌握幼儿的营养状况。通过对各类食品总量的分析，了解幼儿每日各类营养素摄入是否均衡，是否达到所需的量，伙食安排是否合理。通过对食品种类的分析，了解幼儿热量、蛋白质、脂肪等各营养素的来源及其比例，从而依据标准进行调整，尽可能让幼儿摄入充足而又均衡的营养。

幼儿园应定期对幼儿进行身高、体重、头围、胸围等方面的检查，对照幼儿身体生长发育的标准了解幼儿发育情况，针对幼儿普遍存在的问题及特殊的儿童调整食谱。

（3）严格膳食制度，提高膳食质量

第一，饮食卫生安全责任制度。幼儿饮食卫生状况直接关系到幼儿的身体健康，是幼儿园卫生保健工作的重要方面，也是行政机构、家长、社会评价幼儿园质量的一项重要指标。因此，幼儿园要高度重视饮食卫生安全工作，认真学习领会相关部门颁布的法律、法规，建立健全饮食卫生安全责任制度，明确岗位职责，责任到岗，责任到人，确保幼儿饮食安全。

第二，食堂工作人员体检和培训制度。食堂工作人员直接接触幼儿的餐饮，他们的身体状况和卫生习惯直接影响到食物的质量。为此，食堂工作人员上岗前必须进行身体检查，持健康证方可上岗；工作过程中要定期体检，发现患有肝炎、活动性肺结核、化脓性皮肤病等疾病者，一律调离或辞退。

幼儿园要定期对食堂工作人员进行饮食卫生相关法律法规及知识等的培训，提出明确要求，如上班要穿干净的工作服，戴工作帽和口罩，工作前洗净手，不能对着食品讲话、打喷嚏、咳嗽等，使他们强化意识、增强责任、养成良好的卫生习惯，维护食品卫生，保障幼儿身体健康。

第三，食堂卫生检查制度。为保障食堂卫生，幼儿园应成立检查小组，制定食堂卫生标准及检查评分标准，定期检查和不定期抽查相结合，认真细致地对食堂卫生状况进行检查，并进行评分记录，提出意见和要求，以便及时发现存在的卫生隐患，并采取相应措施，防患于未然。

第四，膳食经费管理制度。幼儿园膳食经费就是幼儿园收费项目中的伙食费，这部分资金是用来保障伙食质量，提供幼儿身体生长发育所需营养的专项资金，必须专款专用，不得挪用。幼儿园应建立经费预算和决算审核制度，严格执行有关财务制度，经费预算和决算，应提交园务委员会或教职工大会审议，并接受财务和审计部门的监督检查。幼儿园要建立专项资金财务会计管理制度，建立完善的财务档案，做到收支有据，手续齐全，也便于经费审计。通过资金决算，向全园及家长公布一定时间膳食资金的分配和使用情况，促进财务的公开透明与民主化管理。

第五，食堂采购、食品保管制度。幼儿园要建立完善的食堂采购制度和食品保管制度，做好日常食品采购和保管的详细交接登记，合理使用膳食经费，相互监督，保证食品质量，杜绝财物浪费。

采购员要认真学习有关采购的政策性文件，按照国家有关规定向供应商索取产品的检验合格证和化验单，同时注意检查核对。不得采购无检验合格证的食品。不得采购腐烂变质、掺杂掺假、发霉生虫、有毒有害、质量不新鲜的食品及原料。现金、发票或收据要妥善保存并及时结账。采购的食品必须交食堂保管员并如数做好记录。

食品保管员要做好采购材料入库和出库记录，以便审核。食品分类整齐摆放，散装食品及原料储存容器加盖密封，同时经常检查，防止霉变。要定期清扫仓库，保持干燥。做好防鼠、防蝇、防蟑螂工作。不得在仓库和园区内抽烟。经常检查食品质量，及时发现和处理变质、超过保质期限的食品。冷冻设备定期化霜，保持霜薄气足，无异味。

（五）幼儿园安全工作管理质量的提升

幼儿园是孩子们成长过程中的重要场所，其安全工作管理质量直接关系到孩子们的身心健康以及家长的放心程度。为了提升幼儿园安全工作管理质量，必须全面加强各方面的管理和服务。

第一，设立专职安全管理团队。在幼儿园内设立专职安全管理团队是提升管理质量的第一步，这个团队应包括专业的安全管理人员，他们应该具备相关的教育背景和经验，能够制订并实施有效的安全管理计划。此外，定期进行培训，以适应不断变化的安全管理需求，保证安全工作始终处于最佳状态。

第二，完善安全管理制度。建立完善的安全管理制度是确保安全的基础。这包括制定详细的安全规章制度，明确责任分工，确保每一个工作环节都有相应的安全管理措施。例如，制定防火、防护、食品安全等具体方案，确保孩子在校期间的各个方面都能够得到安全保障。

第三，定期进行安全演练。通过定期组织火灾、地震、食品安全等方面的模拟演练，可以增强师生的安全意识，提高应对突发事件的能力。此外，及时总结演练中发现的问题，不断完善安全演练方案，确保在实际发生紧急情况时能够迅速、有效地处置。

第四，强化师资队伍培训。师资队伍是幼儿园安全管理的重要组成部分。通过定期的安全培训，提高教职工的安全防范意识，使其了解应对突发事件的基本技能。培训内容可以包括急救知识、儿童心理学、突发事件处置等方面，以确保教师在关键时刻能够冷静应对，保障幼儿的安全。

第五，引入科技手段。在现代科技的支持下，可以引入一些先进的科技手段来提升安全管理质量。例如，安装监控摄像头、智能感知设备等，实时监测校园内的安全状况。通过建立信息化管理系统，能够更加便捷、高效地进行安全管理和应急处理。

第六，与家长建立紧密联系。家长是孩子安全的第一监护人，与家长建立紧密联系是幼儿园安全管理的关键环节。定期组织家长会议，向家长详细介绍幼儿园的安全管理措施，提醒他们在家庭中也要注意相关安全问题。同时，建立畅通的沟通渠道，及时分享校园安全信息，保障家长了解孩子在园期间的情况。

第七，加强校外活动安全管理。校外活动是幼儿园教育的一部分，然而，在外部环境中，安全风险更为复杂。因此，幼儿园需要制订严格的校外活动安全管理计划，确保师生在外出活动中的安全。此外，与相关机构建立合作关系，确保外出活动场地的安全性。

第八，建立健全安全管理档案。建立完善的安全管理档案是对安全工作的一种有力支持。包括每个孩子的健康档案、安全事故记录、安全培训档案等。通过对这些档案的管理和分析，可以及时发现问题，总结经验，为今后的安全管理工作提供有力依据。

第四节 现代化发展下的学前教育管理路径研究

教育现代化指的是变革教育形态使其适应社会现代化进程，是对传统教育的超越。学前教育管理现代化包含广泛的内容，对于幼儿教育条件的改善与优化，需要进行教育理念的更新，对教育内容及方法进行现代化设计，打通学前教育管理现代化路径，开创学前教育管理现代化探索的新篇章。现代化是幼儿教育发展的根本出路，也是学前教育高效发展的重要路径，幼儿教师要采用更多的现代化教育手段，为幼儿教育创造良好的环境。

一、构建现代化环境，夯实基础管理

在现代化发展的今天，多数幼儿园管理者已认识到现代化的重要性，添置了辅助教育的现代化设备，然而这只是表层意义上的现代化环境建设，忽视了教学观念和教学方法上存在的问题。幼儿园应重视幼儿的发展规律，以现代化教育理念为主导，通过举办学习讲座、设立教育教学科研课题、支持教师进修教研等，夯实学前教育管理基础。幼儿园可从硬件环境的改善入手，根据教师需求添置必要设备，如多媒体设备、电视、摄像机、广播、电子白板等，让教师能够随意使用。更重要的是，幼儿园要定期开展教师培训，让每位教师认可并积极配合实施现代化建设，渗透先进的现代化理念，改良传统的教育方法。例如，在美术教学中应用电子白板，教师可随意选择颜色、画笔，也能通过“返回上一步”功能进行擦除，还支持绘画过程的回放，让每个绘画步骤都清晰地呈现在幼儿面前，以此吸引幼儿的注意力，使其快速掌握绘画技巧。现代化环境的建设，拓展了教学资源和课程容量，为具体的教育实践提供了便利，满足了幼儿多样化的学习需求。

二、拓宽现代化内容，促进高效管理

随着社会的发展，社会竞争愈加激烈，学前教育的“小学化”倾向依然没有得到纠正。学前教育的重点是启蒙教育，主要是培养幼儿的精神品质，提升幼儿解决问题的能力。幼儿有自身的认知规律，幼儿教师要加强理论学习，了解幼儿的认知特点，选择适合幼儿发展的教学内容及方式，更好地促进幼儿发展。现代化的学前教育内容应包含德、智、体、美、劳诸多方面，帮助幼儿树立正确的“三观”，为幼儿的终身发展奠定基础，保障学前教育管理的高效、高质发展。现代化学前教育内容围绕幼儿的全面发展，应具备一定的灵活性和趣味性，贯穿幼儿的一日生活。例如，可在教室内添置人工智能语音机器人，让幼儿用语言控制机器人，使机器人自动播放幼儿喜欢听的音频；而机器人也可以随时测试幼儿的体温、心率等，提醒幼儿是否有身体异常，且能播放健康常识，让幼儿更加关注自身健康。

此外，考虑到幼儿对循环往复的学习生活易感到枯燥和烦闷，教师可添置 VR 设备，让幼儿佩戴 VR 设备进行游戏，幼儿变身为 3D 角色自由游玩，在体验生动而美丽的景象的同时，促进幼儿释放天性，提升自身的创造力。教师灵活运用现代科技工具，将现代技术与实际学习内容相融合，灵活选取使用场景，进行有效的程序设定，促进学前教育的高效管理。

三、建设现代化平台，强化科学管理

随着科学技术的不断进步，大量的现代科技已与学前教育建立联系，互联网已在众多幼儿园得到了普及，然而，大数据、云计算、人工智能等现代技术尚未得到幼儿园的重视。这些新兴的现代科技，能为学前教育提供现代化平台，重构教育模式。在学前教育管理方面，现代科技能满足幼儿的多种生活、学习需要，还能满足教师对幼儿、园区多种管理的需要，以构建完整的管理体系，保证学前教育管理的科学性。在幼儿园管理体系中，人员、设备、财务、监控、入园、出园等方面是管理的关键，决定了幼儿在园内生活的安全性和便利度。引入现代化平台进行管理，可以一次性同步实现所有形式的管理。例如，现代化平台通过人脸识别，对教职员工、幼儿进行识别和放行，监护和约束其行为；当幼儿离园时，平台也可以将消息发送到家长的手机里，让家长更好地接送，校车也能借助平台集中管理，明确校车信息和停靠站点，做好行驶路线规划，保证校车安全行驶。

此外，平台也可以管理园内食谱，对每日食谱、就餐时间、食材选取、营养成分等进行说明，并实时记录幼儿的健康数据，建立幼儿健康档案，保证幼儿在园内健康成长。幼儿园充分利用现代化平台，构建现代化管理体系，将幼儿在园内生活的各个方面纳入管理体系中，消除了传统学前教育管理的缺陷和隐患，提升了学前教育管理的科学性。

现代化是学前教育的发展大方向，将现代化与学前教育紧密结合，能推动学前教育管理的变革，使幼儿教育及管理更加高效。幼儿在现代化环境中更能兴趣盎然地进行学习，体验到学习的成就感，从而全身心投入学习中。但是实现学前教育管理现代化，还有很长的路要走，这离不开幼儿园与教师的持续努力，应通过不断优化学前教育管理模式，促进幼儿健康成长，使其能够快速适应未来社会的发展。

第七章　学前教育高质量发展面临的挑战与应对策略

在当今社会，学前教育的高质量发展对于儿童的成长和社会的发展具有至关重要的影响。然而，学前教育领域面临诸多挑战，如教育机制不完善、教育结构不合理等。为了应对这些挑战，需要深入探讨学前教育高质量发展的策略和方法。基于此，本章主要围绕学前教育高质量发展所面临的挑战、可行能力下的学前教育高质量发展、学前教育高质量发展的实践之路、深度现代化与学前教育高质量发展策略进行研究。

第一节 学前教育高质量发展所面临的挑战

学前教育事业的高质量发展，必须依赖学前教育高质量教育体系的构建。建设高质量教育体系，实现儿童全面和谐发展，是学前教育事业高质量发展的应有之义。新时代高质量学前教育体系在机制构建、理论突破、供需匹配、评价监测等方面仍然存在挑战，需要我们精准把握和应对。

一、学前教育高质量普惠发展的机制需完善

学前教育事业的高质量发展是一个不断升级的动态过程，需要我们及时审视规模扩展带来的新问题与系统化建设呈现的新样态，以创新性的机制构建应对和保障学前教育的改革与发展。首先，学前教育普惠性发展的系统性建设不足。从学前教育内部系统看，随着我国生育政策的调整，托幼服务的供求不匹配问题逐渐凸显，“托幼一体化”逐渐成为我国未来学前教育的发

展方向。然而，“托幼一体化”绝不是将两个发展阶段简单地等同或连接，只有在对 0 ~ 6 岁婴幼儿保教服务进行整体性思考和系统性规划的基础上，创新机制构建才能有效满足 0 ~ 3 岁婴幼儿家庭的育儿需求并减轻家庭的教育养育压力。其次，从学前教育外部系统看，近年来国家愈加关注学前教育系统与其他教育系统的有效衔接问题。无论是教育部出台的“双减”政策还是幼小衔接方面的指导意见，都强调两个学段的科学衔接和平稳过渡。只有深入开展“小学化”专项治理，创新“幼小衔接”行动机制，才能为儿童童年生活的自然延伸和过渡助力。最后，学前教育普惠性发展的动态机制有待建立。当前，学前教育虽然已进入普及化时代，但是普惠性资源的持续供给需要动态优化。“三孩”政策的实施是否会带来新的入园需求，城市新增人口和流动人口集中地区是否会出现新的无证园，幼儿园收费标准如何动态调整以达到供需平衡，民办幼儿园如何加强监管等问题，都需要建设普惠性学前教育动态发展机制，以更好地保障学前教育事业的高质量发展。

二、学前教育高质量发展的学理阐释需突破

理论研究与加快理论创新，既可以为高质量学前教育体系建设提供理论指导，也能有效弥补理论指引对学前教育实践发展的支持不足。首先，学前教育理论研究尚需回归本源。高质量发展理念进一步明确了人在发展中的位置，集中到“人的自由全面发展”。这就促使学前教育的理论研究必须回归本源，重新认识学前教育中“人”这一核心要素，回归教育理性和教育规律，聚焦到“为何培养儿童”“培养怎样的儿童”“如何培养儿童”的核心问题上来。其次，学前教育概念体系有待重新阐释。近年来，学前教育领域出现的一些热点议题，如教学与游戏、课程游戏化与游戏化课程、核心经验与学科知识、学前教育“小学化”与小学“零起点”教学等，都迫切需要我们对其中的核心概念进行澄清与再阐释，厘清体系建设中各要素之间的关系、特征属性及运行规律。这样才有助于深度理解学前教育的核心内涵，明晰学前教育高质量教育体系发展的逻辑理路。最后，数字化转型如何赋能学前教育理论建设。数字技术与学前教育的深度融合，必然带来学前教育传统形态、价值观念、学习内容及学习方式的重要改变。学前教育要牢牢把握数字技术发展带来的新契机，聚合高质量、体系化、多类型的数字教育资源，实现学前教育多层次场景的国际和国内、线上和线下联动，促使学前教育跻身智慧教育的行列。

三、学前教育资源的配置需进行结构性改革

高质量教育以高水平的教育资源配置为前提，“高质量发展的重要表现是提高供给质量。从供给质量出发，用改革的方法推进结构调整、矫正要素配置扭曲，进而提高供给水平是实现高质量发展的基本途径”[①]。学前教育优质资源供给不充足、不均衡已经成为构建高质量的学前教育公共服务体系的主要障碍。首先，普惠性资源供给与社会发展需求匹配不准。以学前教育的财政投入为例，我国学前教育财政投入主要以生均经费的方式下发给相关教育机构，这种制度沿袭了义务教育阶段的财政保障机制。但是，学前教育并非义务教育，完全采用义务教育的财政投入机制，无法覆盖对非正规学前教育资源的财政保障。高质量发展背景下，必然要求资源供给破除平均投入的痼疾，以需求牵引供给、以供给创造需求，实现二者的动态平衡。其次，学前教育资源供给必须进行结构性调整。在高质量发展背景下，人民群众对普惠性学前教育服务多元化、多层次、多类型的需求，必然会促使学前教育财政支出结构从硬件投入向软件投入转变，从主要投入公办向公民办均衡投入转变，从正规学前教育投入向正规非正规学前教育共同投入转变，同时还应兼顾多样化的学前教育服务领域，进行资源配置的动态调整。

四、学前教育的质量评价与督导需加以完善

当前，我国学前教育事业进入高质量发展的新阶段，构建多元、高效的质量监测评价机制与督导机制也必然面临新的挑战。首先，学前教育质量评价体系尚需落地。2022 年，中华人民共和国教育部印发《幼儿园保育教育质量评估指南》，贯彻落实了培养什么人、怎样培养人、为谁培养人的科学质量观，坚持践行立德树人的使命，遵循幼儿发展规律和教育规律，体现了对幼儿园保教质量的方向引领。但是，《幼儿园保育教育质量评估指南》如何与高质量的学前教育体系特征完全适应，成为幼儿园教师日常工作中的自评抓手，还需要通过理念解读、指标细化、操作指引、结果分析等一系列工作来落实。其次，学前教育的督导监管尚需加强。以幼儿园办园督导为例，幼儿园办园必须坚守基本的规范和底线，办园规范是幼儿园质量的基本保障，

---

① 郑金洲．高质量教育体系建设背景下的教育学研究［J］．教育科学，2022，38（6）：11.

对于幼儿在园享受安全、充实、有质量的一日生活至关重要。《县域学前教育普及普惠督导评估办法》的颁布与实施是国家为推动县级人民政府履行发展学前教育职责，加强幼儿园办园规范性的重要举措。督导评估的目的是以评促建，并使之成为常态化工作要求。因此，如何进一步加强学前教育督导也是学前教育高质量发展的研究课题。

第二节 可行能力下的学前教育高质量发展

一、发挥资源使用效益，提升结构性质量

在学前教育资源的有效利用方面，我们首先要注意到传统观念对硬性物资的过度重视，而对软性资源的投入却被忽视。硬性物资包括建筑、设备等有形资产，但教育的本质不仅在于这些物资方面，更应注重软性资源，如师资、教育理念等。因此，我们需要转变观念，提倡智慧性投入，通过优化资源投入结构，使其更符合教育的实际需求，从而提高资源的使用效益。这种转变将使学前教育更加全面、灵活，更好地适应幼儿的成长和发展。

二、激发园所办园活力，提升过程性质量

“可行能力理论强调通过对一个人做他珍视的事情的可行能力来评价正义的实现程度。”[①] 在学前教育园所办园的活力方面，需要考虑可行能力理论对评价正义的启示。这一理论强调评价正义需要综合考虑各方面的可行能力，而不仅仅是物质资源的充足。因此，在办园活力的关键点中，应当强调提升过程性教学质量，不仅是注重物质资源的配置，更要注重教学过程中的实际效果和幼儿的全面发展。同时，要认识到园所内在的变革能力和积极进取精神是制约因素，因此需要赋予幼儿园主体地位，拓宽教育主体的实质自由，促进园所更好地适应社会变革和教育创新。

① 孙蕾蕾．可行能力视角下的学前教育高质量发展［J］．福建教育，2023（25）：1.

三、促进幼儿全面发展，提升结果性质量

可行能力理论将正义的焦点放在了人们可以获得的实质自由本身上，强调发展不再是为了增加国内生产总值等某些经济产出的数值而牺牲人们的福祉，扩展人的实质自由才是发展的首要目的，这种新发展范式的一个重要标志是强调人的能动性，学前教育活动应合乎“人”的目的，将教育发展与人的自由全面发展内在统一起来，在人人享有受教育权的基础上，关注儿童的多方面兴趣和成长需求，从注重单向度发展到“五育并举”全面立体式发展，最大限度地支持每一个儿童能够完全自由地发展和发挥全部能力。

没有质量的教育普及谈不上真正的发展，借鉴可行能力理论，当前和未来较长一段时间我们应促进学前教育的发展由关注“物”转向关注“人”，由强化“规模扩张”迈向“内涵发展”，切实实现由“幼有所育”向“幼有优育”转变。

第三节 学前教育高质量发展的实践之路研究

实现学前教育的高质量内涵式发展，需要破解限制学前教育高质量发展的矛盾与桎梏，推进学前教育规范发展的转型升级，精准把握国家重大战略对学前教育公共服务体系建设提出的新要求，引导学前教育的质量保障从制度规范走向理性自觉。

一、调整和优化均衡普惠高质量学前教育的体制机制

学前教育高质量发展的关键与核心问题，在于调整和优化学前教育质量发展的体制机制，促成“不平衡”“不协调”的体制机制向“基本平衡普惠”的体制机制转变，基本实现学前教育的均衡协调式发展。“均衡普惠”涉及供给侧结构性改革的体制性变革，提高学前教育的供给质量及效益改革，增强供给端的结构与人民对优质学前教育需求的适应性，矫正资源配置失衡的问题，以促进学前教育资源的有效供给。实现学前教育发展的利益均衡，需要构建大中小城市及乡镇学前教育协调发展的格局，建立“强强联合”“强弱帮扶”的园所发展新格局，充分发挥优质学前教育机构的辐射带动作用，

重点加强农村地区、贫困地区和新增人口聚集地区普惠性学前教育资源的发展；创新强弱结合机制，强化精准对接和对口拉动机制，实现区域学前教育资源的协调共享；建立系统有效的管理体制、协作规划机制、跨部门统筹协调机制，实现以体制机制改革推进学前教育高质量发展。

二、配置学前教育的办园格局，改进资源供给模式

构建优质均衡的学前教育公共服务体系，应在公共资源主导、监管措施到位的前提下，合理利用市场和社会资源发展学前教育，扩大普惠性学前教育的资源供给，建立健全学前教育机构补贴制度。切实将公办园建设纳入城乡公共管理和公共服务设施的统一规划中，严格监管社区配套幼儿园的规划、建设和验收工作，加快普惠型民办幼儿园的建设，促进私立幼儿园转公转普。通过购买服务、综合奖励补贴、减免租金等多种方式，引导多种社会力量参与创办普惠幼儿园。制定民办园分类管理实施办法，引导私营园依法建立资产管理制度，推进集体化办园试点探索，引领民营公办园科学发展，推进民办园教育质量的不断提高。构建特色化学前教育公共服务体系，强调公平普惠的价值取向，实行服务而非监管的政策模式，完善学前教育管理体制、办园体制、成本分担机制和教师队伍建设等机制，避免公共财政投资营利性连锁幼儿园，控制幼教集团新增直营园和加盟园的数量。加强对资本的积极引导，提供有利的财税政策，鼓励社会捐资办园，限制学前教育资本的证券化，加强对涉足学前教育的大规模营利性资本特别是上市公司的资产重组和信息披露等的监管，构建学前教育高质量发展与规划的新局面。

三、建设师资队伍，实现教师的高质量专业化发展

深化学前教育专业的人才培养，提高托幼园所的师幼比，可通过“政府采购服务”等方式补充师资力量，确保优质教师资源的持续供给。依托现有高职、师范院校的学前教育专业进行有效的师资培养，建立保教结合的课程教学体系，完善协同育人的保障机制，有效提高学前专业人才的培养质量。完善落实幼儿教师聘任与准入制度，建立幼儿教师定期注册、考评制度，建立符合幼儿教师岗位特点的评价标准体系，适当提高中高级幼儿教师岗位的比例，在幼儿教师专业发展与职称晋升方面，给予相应的支持性政策。满足公办园教师的编制需求，严禁“有编不补”、长期使用代课教师的现象。通

过提供政策性支持与保障，切实提高幼儿教师的政治地位、职业地位与福利待遇，增强幼儿教师职业的吸引力，实现私立幼儿园教师与公立幼儿园教师的权益平等化。确保边远山区及农村地区幼儿教师的收入稳定，全面落实其相应的生活补贴，在绩效工资分配、职称评聘、晋升发展、表彰与奖励等方面优先向其倾斜。

四、以学前教育本土化为依托，建设特色学前教育

当前，构建学前教育高质量发展体系，应从理念和文化层面引导学前教育机构因地制宜、发挥优势、优化资源、深入结合中华优秀传统文化，以此形成特色教育。应根据中国本土的实际情况，形成符合本土化特色的学前教育体系。例如，少数民族地区可以充分利用本民族的文化特色，建设符合本民族生活习性的园所，创编形式多样的儿童民俗活动、民间游戏、民间歌谣，创设充满民族文化特色的园所环境。破除幼儿园趋同化及人才培养同质化的现状，实现培养目标的多元化，构建分类清晰、层次合理的学前教育体系，促进不同类型的幼儿园进行精准的办园定位，发挥特色园区的品牌影响力，实现特色园所产业的集团化发展。学前教育的教学活动，要组织幼儿开展不同形式与类型的主题活动，鼓励园本课程的改革创新，以体现幼儿园自身的特色，彰显学前教育的新发展理念。

五、建设学前教育质量监测管理体系，推进规范化办园

监测评价体系建设是幼儿园质量管理体系的核心环节。要完善学前教育质量评估标准，增强对学前教育质量的规范与监督，构建相关领域的学前教育监管体系。要深入推进管办评分离的质量管理体系，形成政府监管、园所自测、社会评价相结合，实现全链条、多维度的质量评价与保障体系。要建立有效可行的质量调查清单，推进优质园所审核评估工作，将评估认证结果作为教育行政部门与幼儿园所进行资源配置、改善园所管理的重要决策参考。可以参照以内部监测、同行评审、第三方评估和政府监督相结合的国际幼儿园质量监测多维网络体系，建立全园、年级、班级三级监测平台，并按照园所标准和指标体系进行独立监测。

此外，可以充分发挥第三方评估机构对托幼园所质量的客观性评估作用，以形成质量监控与评估的跟踪反馈机制，形成园区独有的质量数据库，为质

量管理体系建设提供信息数据的支持。可借鉴 OECD 国家质量监测系统、美国 QRIS 学前教育质量评级与提升系统及 PDA 机构质量评价系统，设计科学合理的评价指标，从多元视角拓展评价标准实施的路径。在对园所质量进行多层面评价的基础上，确定教育质量提高的核心目标、细化指标和检测机制，以此建立具有本地化、特色化的学前教育质量评估新模式。

第四节 深度现代化与学前教育高质量发展策略

“所谓深度现代化，是以促进儿童发展为根本指向，由多部门协同推进的现代化，其关键在于秉持的精神与行动的理念。”① 尊重规律、改革探索精神，力求做到精准、精致的行动，是深度现代化的重要表征，也是当前落实学前教育高质量发展任务的重要保证。

一、实践路径——以提升办园品质为关键

推进学前教育现代化，载体是每一所幼儿园，关键是提升办园品质。提升办园品质，不但要注重办园结果，而且要注重发展过程，注重发挥幼儿园在社区中的文化功能、在区域教育生态中做好积极建设者的角色。只有坚持系统思维，兼顾三个“注重”，才能整体提升办园品质。这为探索幼儿园办园品质提升的多样化实践路径提供了根本依据。

从结果层面来看，办园品质既包括促进幼儿身心健康与早期经验的获得，又包括促进幼儿快乐成长、提高家长满意度和教师成就感。进入新时代，人民群众对美好生活的需求日益增长，建设教育强国、办好人民满意的教育对“幼有善育”提出了新要求。这里的“善”，不仅指向客观结果，高度关注幼儿经验、素质的发展及发展程度，还指向主观感受，充分关注幼儿在安全感、获得感、成就感等方面的体验。两者均为“善”的结果，体现了新发展理念——只有充满快乐幸福和成就感的幼儿园才具有可持续发展性；只有呵护幼儿的兴趣、好奇心和探索欲望的幼儿园才能为幼儿成为终身学习者奠定坚实基础。

从过程层面来看，办园品质的提升是培育幼儿园核心能力的过程。过程

① 李伟涛．深度现代化与学前教育高质量发展［J］．上海托幼，2023（6）：22.

视角下的高品质幼儿园，强调幼儿园的发展是一个动态过程，强调课程、教学、师资与管理等因素的综合作用，关注幼儿园发展的核心能力而非单纯的影响力。影响力是外在的表现，而核心能力属于组织内在的能力。为适应环境变化与需求，高品质幼儿园需要不断丰富和更新课程内容、创新保育教育方式与游戏形式、优化教师专业发展环境、变革内部管理方式等。

从功能层面来看，办园品质的提升体现在更好地融入和服务所在社区、区域的过程，体现在促进幼儿园与社区之间的协同工作、促进幼儿园在区域教育生态中积极当好建设者的角色。幼儿园的育人文化在社区文明建设中发挥着引领作用，构建幼儿园与社区的和谐共生关系是教育现代化发展的重要路径。在城市，幼儿园是社区文化的重要阵地，教师向社区居民提供的相关服务，能够推动家长参与社区事务，引导家长转变育儿观念、掌握育儿技能，让家长从中获得必要的早期教育知识和技能，减少在育儿中的烦恼与焦虑。

随着“双减”政策的实施、幼小双向科学衔接的推进，幼儿园在区域教育生态中的角色日益重要。高品质的幼儿园要注重园际关系、幼小关系，主动发起、承担和示范教育改革项目，与区域内的其他学校共同打造良好的教育生态环境，实现可持续发展。

二、监测评估——以推进循证改进为落脚点

推进学前教育现代化，有赖于科学构建指标体系，并基于指标体系动态开展监测评估。监测评估的价值在于推进幼儿园循证改进。从监测评估的主体来看，既有来自政府或专业机构的学前教育现代化监测评估，又有幼儿园的自我监测评估。

（一）开展学前教育现代化监测评估

开展国家或区域层面的学前教育现代化监测评估，是提升学前教育治理现代化的必然要求。教育治理手段具有多样性，但无论是制订发展规划、建立健全标准，还是开展督导监测评价，其前提都是研制导向性强、共识度高、灵敏度大的指标。作为治理工具的教育指标，是基于数据采集又超越数据本身的，能够通过数据挖掘与分析进行预警预测，推进政策调适与实践改进。

目前，我国的长三角地区已率先开展区域教育现代化监测评估，学前教育是其中的重要监测领域。根据监测，长三角学前教育的发展态势良好，

“十四五”规划指标预期达成率较高。然而，新时代的学前教育现代化正面临新挑战和新使命，学前教育现代化监测评估的重心也展现出新的趋势。随着人民群众对公平且有质量的教育需求的增长，社区层级的教育协同治理将会越来越重要。学校、家庭、社会协同育人正逐渐受到关注，但现有指标主要为家庭参与指标，尤其是建立家长委员会的学校比例以及参与婴幼儿早期教育指导服务次数等方面。立足社区角度的系统变革方兴未艾，但相对应的指标尤其是复合型指标亟待加强并驱动政策的完善。

社区层面的复合型教育发展指标的研究开发，核心是围绕协同育人，要高度关注社区发展中各种潜在的教育资源、儿童和青少年的成长环境，提高全科医师进校园比例、15分钟社区服务圈幼儿园覆盖率和儿童友好社区比例。“十四五”期间，随着《关于推进儿童友好城市建设的指导意见》的实施，预期会有更多地区将高质量地开展儿童友好城市建设。

（二）建立常态化幼儿园自我监测评估机制

建立常态化的幼儿园自我监测评估机制，是幼儿园主动实现高品质发展的重要标志和重要保证。幼儿园自我监测评估的框架，至少包括四个领域：资源配置、保教质量、教师专业发展、内外部关系与管理。四个领域的发展质量判断，既涉及政府对幼儿园办园的服务供给与基本要求，又涉及幼儿园发展规划自我设定的目标，以及国内外权威指标的表现水平。按照此基本框架与质量判断标准，幼儿园自我监测评估的过程是一个收集与分析统计数据、测评数据、调查数据与行为数据等多源数据的过程，是运用数据分析结果开展自我诊断、发现短板与主动预警的过程，是推进幼儿园改革和发展项目落地见效和实现精致化、品牌化的过程。

同时，科学的监测有赖于在日常保教实践中有效运用信息技术手段，推进数字化的监测评估，提升监测评估的便捷性与协同效率。数字化监测评估，是提升教师数字素养的有效抓手，有助于增强教师的证据意识、问题分析能力与团队协作能力，更深入持续地观察和理解幼儿的个体差异，更自觉加强师幼高质量互动，更善于运用证据引导家长转变观念、形成家校合力。从监测效用来看，科学的监测能够推动幼儿园制度创新与文化改变，打破经验式管理的惯性和数据信息壁垒，从而推动项目设计导向与实施方式的创新。

高品质幼儿园的实践表明，科学的监测能遵从教育的逻辑，坚持幼儿发展优先，聚焦保教实践的薄弱环节，透过数据看本质，分析和提炼影响保教质量的因素和有效策略。从看到现象到调查原因，再到科学保教，是从大量信息中寻找筛选证据、形成研究结论的过程。只有经历这样的过程，才能发现问题并有效解决问题，以推动教师的专业发展，赋能办园品质的提升。

结束语

本书旨在探讨学前教育领域的重要议题，以推动学前教育的高质量发展。在本书中，笔者深入剖析了学前教育的现状和发展趋势，回顾了学前教育的历史演进，以及国际上的最佳实践经验。并且还对学前教育的教育理念、政策法规、教育课程和教育管理等多个方面进行了详细探讨。通过对这些内容的深入研究，可以为决策者、教育从业者、家长和研究者提供有价值的参考，以便他们更好地理解学前教育的重要性，并促进其高质量发展。

参考文献

[1] 陈群 . 关于学前教育中培养幼儿绘本阅读能力的几点想法 [J]. 体育画报，2023（7）：96-98，101.

[2] 郭淑婷 . 浅谈学前教育中如何创设良好的学习环境促进幼儿的全面发展 [J]. 学周刊 A 版，2014（6）：216.

[3] 韩寒，李忠宴 . 我国积极发展学前教育的社会意义 [J]. 新课程（下），2011（3）：111.

[4] 何晶，贾志国 . 学前教育高质量发展：价值诉求、内涵向度、实践理路 [J]. 阿坝师范学院学报，2023，40（3）：90.

[5] 侯莉敏，刘倩 . 我国学前教育事业实现高质量发展的时代价值与路径取向 [J]. 学前教育研究，2023（6）：5.

[6] 胡云聪，申健强，李容香 . 学前教育评价 [M]. 北京：人民邮电出版社，2015.

[7] 李红梅 . 幼儿园教师职后培训的优化策略 [J]. 辽宁教育行政学院学报，2019，36（4）：32.

[8] 李洁 . 学前教育教师业务创新研究 [M]. 长春：吉林人民出版社，2020.

[9] 李伟涛 . 深度现代化与学前教育高质量发展 [J]. 上海托幼，2023（6）：22.

[10] 李卓豫 . 我国学前教育财政投入的法律保障探析 [J]. 现代交际，2020（10）：17.

[11] 刘婕，郭志山 . 信息时代学前教育声乐课堂教学的改革路径探索 [J]. 中国民族博览，2022（13）：82-84，87.

[12]刘焱.以教育质量评价改革驱动学前教育的高质量发展[J].学前教育，2022（17）：4-13.

[13] 柳阳辉 . 学前教育学 [M]. 郑州：郑州大学出版社，2012.

[14] 孟香云 . 走向学前教育均衡发展 [J]. 北方经贸，2015（7）：273-274.

[15] 庞丽娟，夏婧 . 国际学前教育发展战略：普及、公平与高质量 [J]. 教育学报，2013，9（3）：49-55.

[16] 裴玉霞 . 游戏化理念下的学前教育方法 [J]. 幸福家庭，2021（24）：105.

[17] 齐晓 . 成长为高质量的学前教育教师 [J]. 都市家教（上半月），2015（7）：296-296.

[18] 齐研 . 学前教育专业立体式实践教学体系的构建浅析 [J]. 畅谈，2022（7）：55-57.

[19] 钱洁雅 . 儿童为本实践导向持续生长：聚焦学前教育高质量发展的区域课程发展纪实 [J]. 早期教育，2022（18）：4.

[20] 丘静 . 英国学前教育的高质量普及对我国的启示 [J]. 教育探索，2016（2）：153-156.

[21] 宋辉 . 高职现代学前教育专业发展理念刍议 [J]. 教育与职业，2005（23）：27.

[22] 苏媛媛 . 学前教育发展前沿与趋势：幼儿园课程构建的理论与实践 [M]. 长春：东北师范大学出版社，2015.

[23] 孙蔷蔷 . 可行能力视角下的学前教育高质量发展 [J]. 福建教育，2023（25）：1.

[24] 王春燕 . 幼儿园课程概论 [M]. 北京：高等教育出版社，2007.

[25]王岚.论学前教育均衡发展与保障体系建设[J].西南农业大学学报（社会科学版），2013，11（1）：143-146.

[26]王乐.浅谈提高幼儿园教师沟通与合作能力的方法[J].天天爱科学（教育前沿），2020（8）：27.

[27] 王雨绮 . 对学前教育高质量发展路径的研究 [J]. 生活教育，2022（17）：47-49.

[28] 王子辉 . 幼儿学前教育教学中常见问题及对策 [J]. 下一代，2023（6）：90-92.

[29] 吴丹洁 . 全方位助力区域学前教育高质量发展 [J]. 儿童大世界（下半月），2017（3）：224.

[30] 吴晓英，王启雨 . 学前教育高质量发展：价值意蕴、现实境遇与推进策略 [J]. 贵州师范学院学报，2023，39（1）：10.

[31] 薛萍 . 论幼儿园教师职前教学能力的培养策略 [J]. 吕梁学院学报，2014，4（1）：67.

[32] 于杰 . 法国学前教育立法及对我国的启示 [J]. 现代交际，2016（23）：30.

[33] 虞永平，刘颖 . 学前教育体制机制的主要问题与改革思路 [J]. 学前教育研究，2017（12）：3-11.

[34] 虞永平 . 打造高质量的幼儿园教师队伍 [J]. 人民教育，2023（1）：10-12.

[35] 虞永平 . 学前课程价值论 [M]. 南京：江苏教育出版社，2002.

[36] 臧鑫勇 . 学前教育教师队伍建设的现状与对策探究 [J]. 科幻画报，2019（10）：183.

[37] 张凤，季首领，郭克功 . 学前教育管理 [M]. 沈阳：辽宁大学出版社，2013.

[38] 张娜 . 学前教育课程模式设计研究 [D]. 武汉：华中师范大学，2013：118.

[39] 郑金洲 . 高质量教育体系建设背景下的教育学研究 [J]. 教育科学，2022，38（6）：11.

[40] 朱珊 . 敏感地回应：高质量的师幼互动 [J]. 儿童与健康，2023（2）：34-35.